学校多彩课程系列丛书

北京印刷学院附属小学

好玩的数学

G1-1

主编：杨霞

北京日报出版社

图书在版编目（ＣＩＰ）数据

　　好玩的数学 / 杨霞著. -- 北京 ：北京日报出版社，
2016.9
　　ISBN 978-7-5477-2335-7

　　Ⅰ．①好… Ⅱ．①杨… Ⅲ．①数学－青少年读物
Ⅳ．①O1-49

　　中国版本图书馆 CIP 数据核字(2016)第 241485 号

好玩的数学

出版发行：北京日报出版社
地　　址：北京市东城区东单三条 8-16 号　东方广场东配楼四层
邮　　编：100005
电　　话：发行部：（010）65255876
　　　　　　总编室：（010）65252135
网　　址：www.beijingtongxin.com
印　　刷：廊坊金盛源印务有限公司
经　　销：各地新华书店
版　　次：2016 年 09 月第 1 版
　　　　　　2016 年 09 月第 1 次印刷
开　　本：889 毫米×1194 毫米　　1/16
印　　张：7.5
字　　数：160 千字
定　　价：38.00 元

信息收集与分析

G1-1

我的名字: _____

我的年龄: _____

我的老师的名字: _____

我玩得好的游戏:

_____

_____

我想玩得更好的游戏:

_____

_____

我喜欢和朋友一起玩⋯

_____

_____

多彩教育校本课程编委会

总主编：李洪祥

副主编：王炳玉　　解　涛　　李书凤

编　委：杨　霞　　马俊生　　王新东　　刘　伟

　　　　张海松　　张　杰　　路　静　　刘玉杰

　　　　刘宝杰　　魏麒元

好玩的数学编委会

主　编：杨　霞

编　委：孙　平　　魏麒元　　李秋冬　　连　云

　　　　王建平　　孔庆艳　　于　冉　　郝海燕

　　　　宁新颖　　王玉倩　　李　洋　　王　俊

　　　　郑少宇　　杨　洋

同学们，我们每个人的成长过程中都会遇到各种各样的问题和挑战，不论是现在的，还是未来的，都需要我们在不断地发现问题中尝试着自己去解决。其实"发现问题比解决问题更重要。"我们从小就要锻炼自己有一双善于发现问题的眼睛，有一种善于用数学思想解决问题的思维方式。

早晨准备去学校，突然发现数学课本找不到了，你会怎么做？是急吼吼地到处翻找，还是让自己冷静下来，回顾一下事情发生的过程？两种不同的思维方式，解决问题的效果是显而易见的。如果同学们在面对问题时都能像后者那样去分析、判断和思考，你一定不会再盲目，独立解决问题的能力也会提高。而深入的思考和追问会让你习惯"反思自己的思考"，学会发现问题，提出问题，学会质疑，学会独立地解决问题，这些恰恰是创新能力的基础。

同学们，平时遇到大家都熟悉的"鸡兔同笼问题""植树问题""行程问题"等时，为了解决它，你是在头脑中反复搜索见过的题型，照搬硬套呢，还是通过收集已知的数据信息，再进行整理与分析，从中发现已知与未知之间的关系，从而为解决该问题做一个计划，然后再实施解题计划？显然，后者才是正确的思维方式。

又如，研究《三角形边的关系》。三角形的一条边长12厘米，另两条边的和是14厘米，这两条边的长度分别是多长？你会怎样思考？首先你要在亲自操作、实验中提出猜想，在比较、验证中，获得结论，通过抽象概括，归纳出三角形三边的关系即："任意两边之和大于第三边。"并尝试着把自己推理的过程清晰地、有条理地表达出来，从中体会"推理和证明是数学学习的基础"，正确的思维方式是获得科学结论的保证。

那么，我们怎样才能获得正确的思维方式呢？

我们知道，思考是在大脑这样一个精密"仪器"中产生的，我们的思考过程不能直接被观察到，但如果我们能把自己的思考展现在面前，发现它的优劣，完善它的过程，那么我们的思考将更加灵敏与高效，我们的思维能力将不断提高，同学们就会变得更聪敏、智慧。而麦博思考力课程就是帮助同学们提高思维能力的途径之一。

麦博思考力课程是通过同学们喜爱的一些游戏活动展开的，在这些有趣、益智、富有挑战性的游戏活动中，你们不仅可以尽情体验游戏活动带来的乐趣，还能在活动中关注自己的思考，养成思考的习惯，更重要的是通过掌握思考策略和思考方法，提高你们的思维技能和生活技能。这些思考法则和策略有：红绿灯法则、智慧树法则、候鸟法则、定锚法、铺路策略、暂时牺牲策略、临时停车策略等。这些法则和策略就像在为你的思考做体操，在训练你的思维，慢慢地你会发现你的思考有序了，你观察、收集信息的能力提高了，问题在你缜密的推理下变得简单了，你解决问题的能力提高了。

同学们，你们处在一个高速发展的时代，一个每天都会有变化的时代，没有人能预测你们未来会遇到什么样的问题和挑战，但创新能力和解决问题的能力是你们应对未来挑战、成为未来社会栋梁的重要才能。所以，增强发现问题和解决问题的能力，培养创新能力要从现在开始，要从勤于思考、善于思考开始。

伟大的科学家爱因斯坦说过：学习知识要善于思考，思考，再思考。衷心祝愿你们能插上思考的翅膀，面向未来的世界翱翔！

吴正宪

亲爱的同学们：

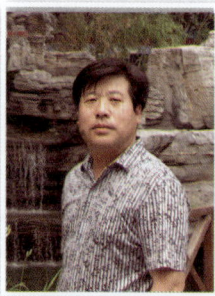

在21世纪里面，未来人才除了需要全面发展之外，更需要具有高思维能力和高生活技能。学校为此开设了《学生思考力》这门课程，希望大家在游戏中思考，在思考中学习，在学习中成长，在成长中积淀智慧。

我们开设的思考力课程，是一种独特且创新的思维教育课程和教学方法。以思维游戏为"介质工具"使大家掌握由红绿灯法则、镜子法则、智慧树法则、候鸟法则等思维策略构成的元认知思维法。

课程中它会交给你们如何去协商、去合作，如何将所学知识迁移到另一个领域，如何去分析自己犯的错误；能够帮助你们提高思维能力；学会提出问题，解决问题；学会主动思考，学会学习；学会与人合作，学会控制情绪；从高品质思维素养中延伸出科学精神与创造力。

把学校办成你们享受童年快乐和学习乐趣的学园；办成你们放飞理想、快乐成长的乐园，是我们的追求。我希望同学们能够在这个学习的平台上快乐的游戏，在游戏中培养自己严谨的思维习惯，在学习中勇敢和坚强的面对困难，在和同学相处中学会包容和友善，为你今后的多彩人生奠定坚实的基础。

北京印刷学院附属小学 校长

李洪祥

目 录

智　兽

亲爱的学生：

　　在本课中，你们将在"智兽"游戏中接触到"特征"、"威胁"概念。

　　通过不断地深入游戏之中，"延迟满足"、"关注他人"策略和"红绿灯法则"能够帮助你们更好的玩游戏，甚至运用到你们的生活中。

智兽的游戏规则

游戏准备

1. 智兽游戏4人为一组，每组分为甲、乙、丙、丁四方。

2. 将所有智兽卡牌背面朝上打乱，然后每一方抽取四张卡牌。

3. 将抽取的四张卡牌牌面朝上放在面前。（请见下图）。

注意：如果抽取四张牌为同一智兽家族，请把卡牌放回牌库中并重新抽取四张卡牌。

4. 将剩余的卡牌重新打乱，（4人玩游戏，即剩下20张卡牌）分行摆放在中间，牌面朝下（建议如下图摆放5X4）。

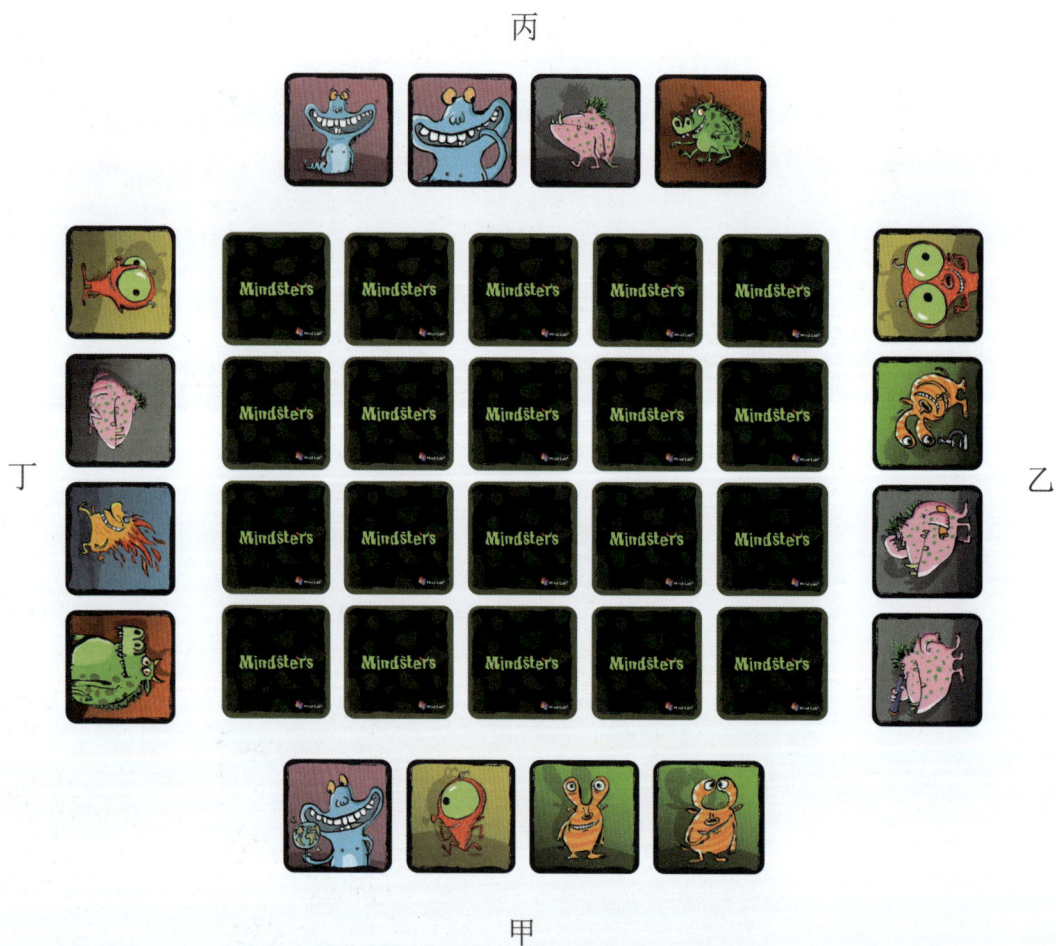

丙

丁

乙

甲

游戏目标

率先集齐四张同一智兽家族的卡牌。

游戏规则

1. 每一方每轮次可选择任意一种方式行动:

    a. 翻开中间20张卡牌中的任意一张,然后:

    (1) 拿取这张被翻开的卡牌,并在四张手牌中任意选择一张,正面朝上,放回到被拿卡牌的位置。

    (2) 不拿取这张被翻开的牌,轮到下一方继续游戏。

    b. 拿取20张卡牌中已被翻开的任意一张卡牌,并在四张手牌中任意选择一张,正面朝上放回到被拿卡牌的位置。

    注意:若轮到你时,你选择翻开一张卡牌后,就不能再拿取之前被翻开的卡牌。

2. 若拿取一张卡牌,则必须把手牌中四张卡牌中的任意一张牌面朝上放回到被拿卡牌的位置,确保手牌一直都是四张——不多不少。

3. 游戏按照逆时针的方向进行。

4. 当其中一方首先集齐四张同一智兽家族的卡牌时,游戏结束。(下图所示为游戏结束,甲收集到四张同一家族的智兽,取得胜利)

对游戏规则的理解

1. 如下图所示，回答下列问题：

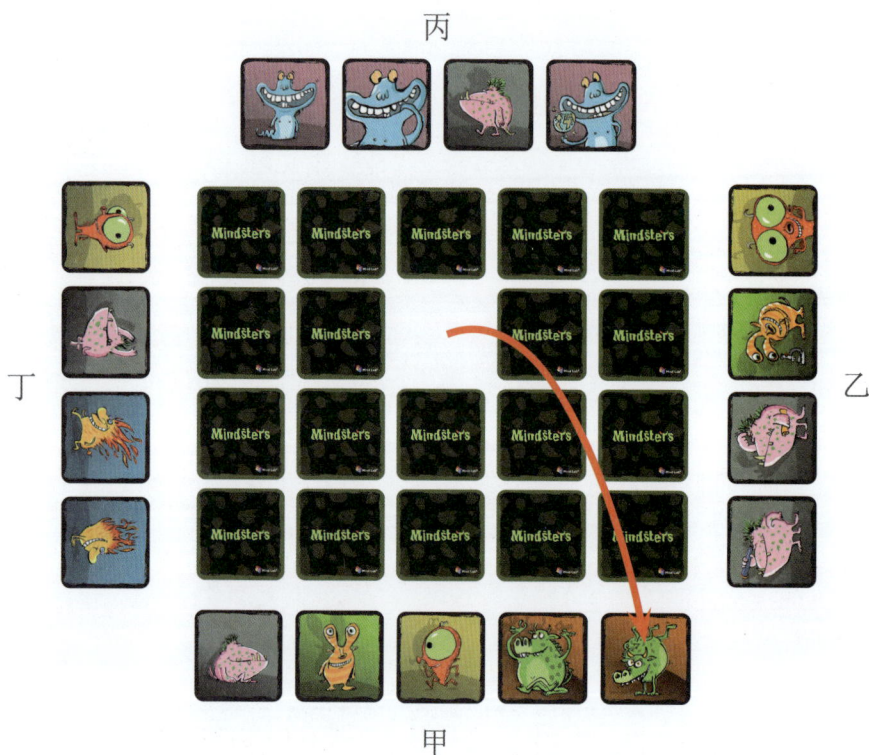

丙

丁

乙

甲

a. 学生甲在牌库中拿取了箭头所指的卡牌，接下来他需要做什么？

- [ ] 拿取箭头所指的卡牌之后，轮到学生乙。
- [ ] 任意选择一张手牌，放回到牌库中。

b. 如果学生甲拿取的是箭头所指的智兽卡牌，接下来他可以选择哪张智兽卡牌放回到牌库中呢？

   （请在可以选择的方框内画勾）

- [ ]   [ ]   [ ]   [ ]   [ ]

c. 将选择的智兽卡牌放回到牌库中的什么位置？（请在图示中圈出位置）

2. 如右图所示，学生甲把一张卡牌放回了牌库中（黄色标记），学生甲的行动是否正确呢？为什么？

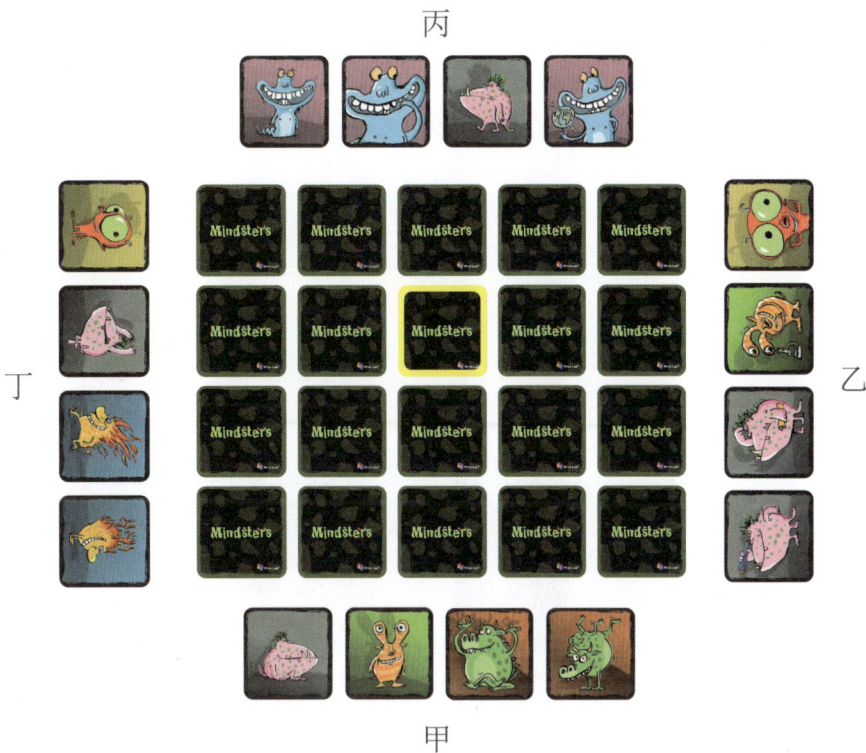

丙

丁

乙

甲

3. 如右图所示，学生丙翻开了黄色圈出的卡牌，但却选择拿取箭头所指的卡牌，这样做可以吗？为什么？

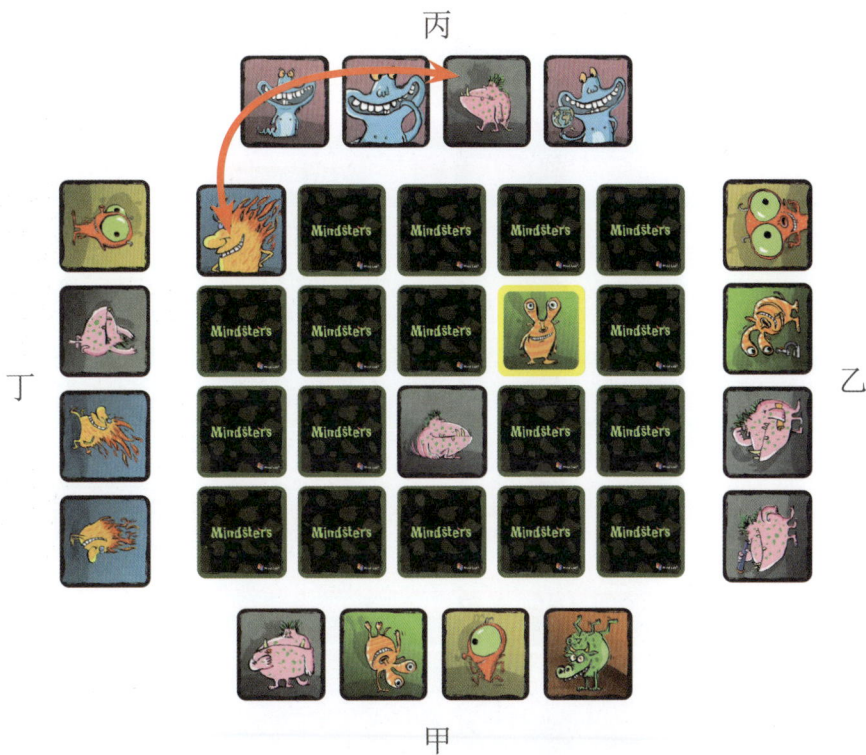

丙

丁

乙

甲

4. 如右图所示，现在轮到学生乙，他能否赢得游戏？圈出可以获胜的智兽卡牌。

丙

丁

乙

甲

5. 下图局势轮到学生丙，接下来他可以如何做出什么选择？

a. 他是否可以直接拿去已经被翻开的智兽卡牌？

b. 他是否可以选择翻开任意一张反扣的智兽卡牌？

丙

丁

乙

甲

探究智兽游戏部件的特征

智兽家族

　　在智兽游戏中，拥有相同特征，相同形象的一类"智兽"卡牌，称作"家族"。下面是全部的智兽家族，你能从中发现什么？

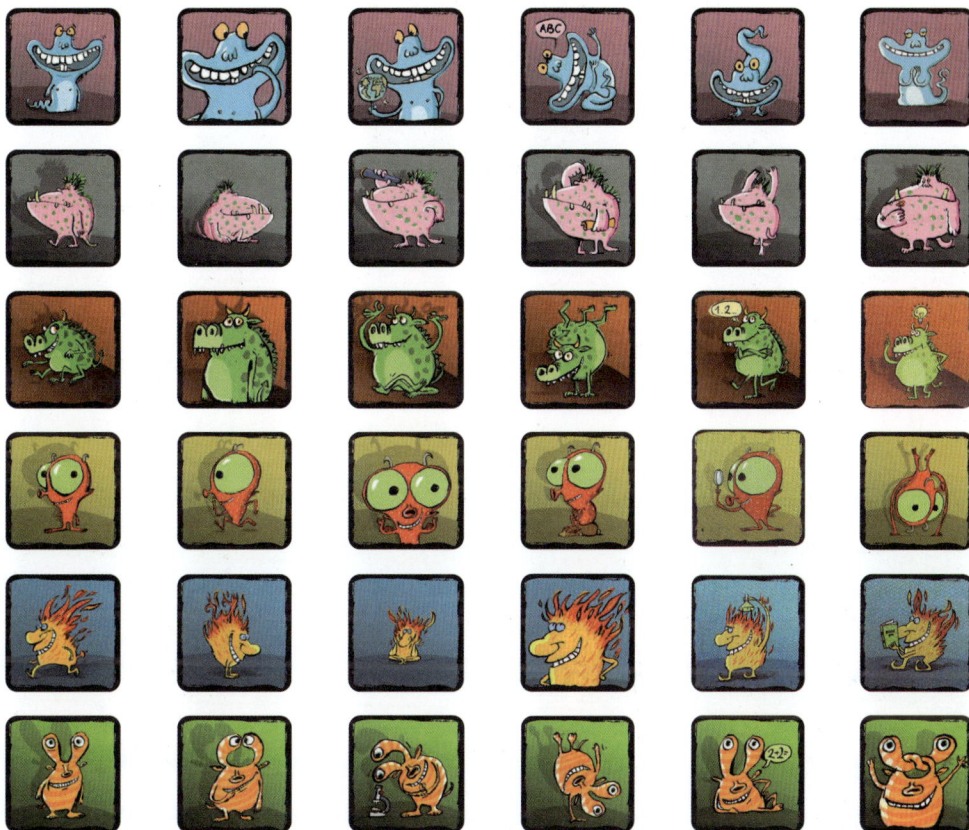

1. 一共有多少张智兽卡牌？ _____

2. 一共有几个智兽家族？ _____

3. 每种智兽家族有几只智兽？ _____

4. 每个家族的智兽所做的事情一样吗？你与哪只智兽做过相同的事情？

_____

5. 分别给下面智兽取个有趣的名字，用来代表它的家族，填写在图中的括号内。

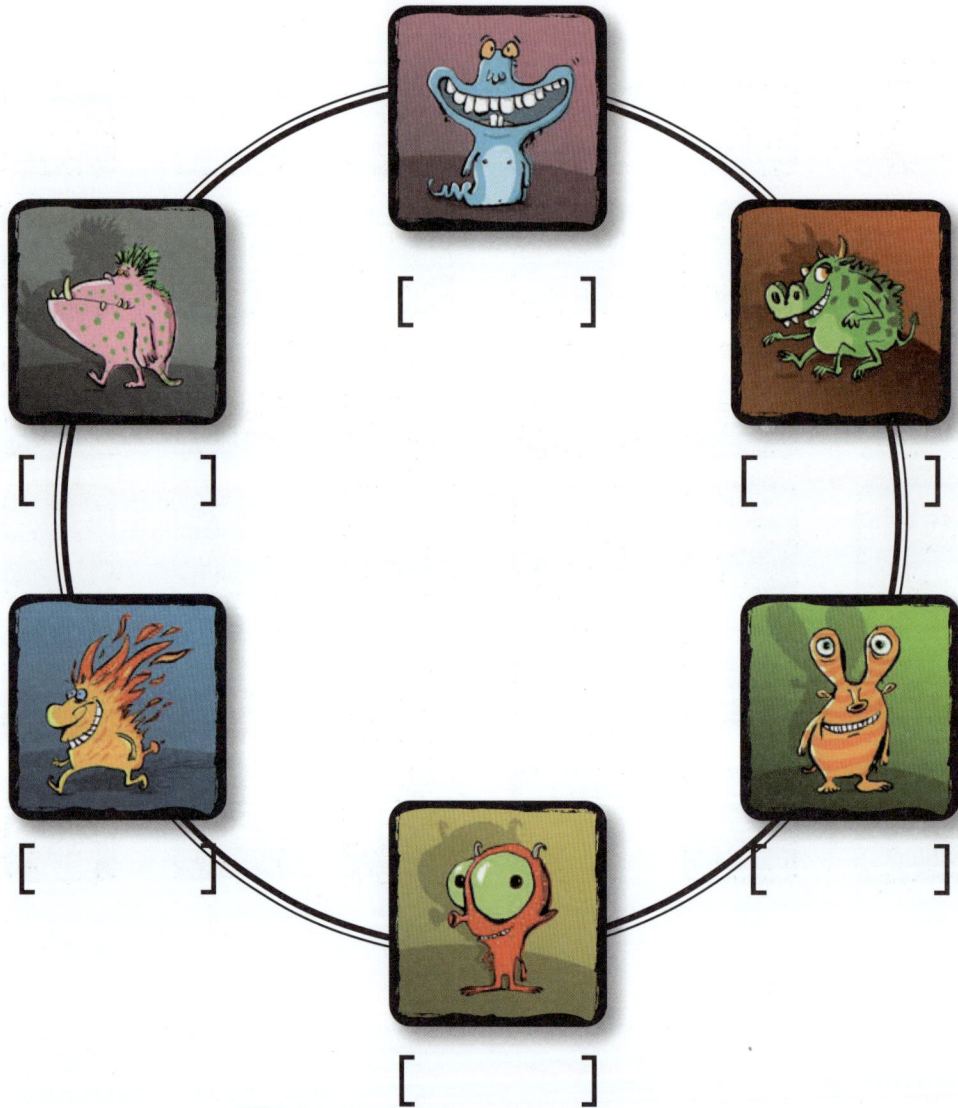

[   ]

[   ]   [   ]

[   ]   [   ]

[   ]

6. 将智兽与描述特征相匹配的语句进行连线：

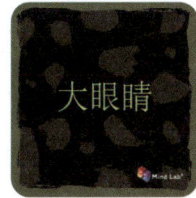

大眼睛

三条腿

大嘴巴

长眼睛

绿头发

火焰头

7. 根据智兽的特征匹配相对应的服装，用直线连起来：

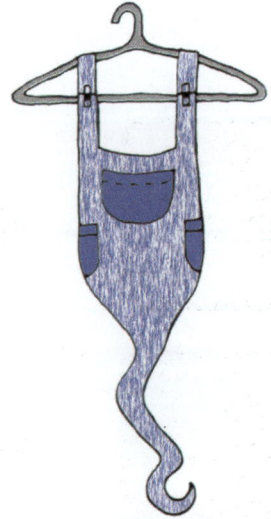

8. 请仔细观察这两张游戏卡牌，在正确描述它们共同特征的方框内画"√"：

| | 它们都有两只眼睛。 |

| | 它们都有斑点。 |

| | 它们都有两条腿。 |

| | 它们都有尾巴。 |

| | 它们都在运动。 |

| | 它们身体的颜色一样。 |

| | 它们的牙齿都很整齐。 |

根据特征进行分类

1. 下列图中的智兽已经根据相同特征把它们分成了不同的类，找出按照什么相同特征将其分为一类的：

a. 下图中四只智兽根据什么特征将它们分为一类的呢？请在方框内标识出来：

☐ 都有两只眼睛	☐ 都有斑点	☐ 都在运动	☐ 身体的颜色
☐ 都有两条腿	☐ 都有尾巴	☐ 牙齿都很整齐	☐ 都有头发

b. 下图中三只智兽根据什么特征将它们分为一类的呢？请在方框内标识出来：

☐ 都有两只眼睛	☐ 都有斑点	☐ 都在运动	☐ 都在笑
☐ 都有两条腿	☐ 都有尾巴	☐ 牙齿都很整齐	☐ 都有头发

c. 下图中的智兽可以如何将他们分类呢？

生活中的"共同特征"

"Peas in a pod."

英文中有一句谚语："Peas in a pod."它的意思是：如一荚之豆。

这句话用于比喻描述一模一样的人或物。当然人与人不会一模一样。不过有时候好朋友之间特别亲密，那么就可以用"如一荚之豆"来形容。

识别共同特征是非常重要的技巧

对于我们来说，每个人都是与众不同的，世界上没有任何人和自己一模一样。虽然我们与众不同，但也有很多共同特征。我们会发现自己与别人有很多共同之处。

请观察下面的图片，并把问题的答案填写在横线上。

1. 图中的人分别在做什么？
2. 有些人在做不同的动作，是否有人在做相同的动作？做什么相同动作呢？
3. 他们手里拿着什么？
4. 有人拿着相同的物体吗？拿了什么相同的物体？
5. 他们穿着或戴着什么？
6. 你觉得他们自我感觉怎样？
7. 他们喜欢正在做的事情吗？为什么？
8. 下图中可以按照哪些特征进行分类呢？

_____

_____

_____

元认知思维法：红绿灯法则

　　玩游戏免不了会出错招，人非圣贤，孰能无过。但是为什么会出错呢？其中一个原因是我们大多时候冲动行事。当然先行动再思考是人的天性。但是为提高正确决策的能力，我们必须学会三思而后行。

　　红绿灯法则这种元认知思维法恰好能让我们学会三思而后行。

红灯
- 停，停下来观察，把注意力转向你周围的环境。
- 收集与识别相关（不相关）信息。

黄灯
- 根据在红灯时收集到的信息，分析和计划。

绿灯
- 依据黄灯时拟定的计划和可能性去执行。

　　这样的思考过程如同红绿灯指挥着交通，来指挥我们的思维活动。能帮助我们自觉且负责任地采取行动。

思维概念：威胁

　　威胁 是某人或某事物对我们造成伤害的危险。

　　潜在威胁 是某人或某事物有即将对我们造成伤害的危险。

　　在智兽游戏中同样存在"威胁"和"潜在威胁"，例如：当一方收集到三张同一智兽卡牌时，威胁就产生了，因为自己即将面临失败。

　　当一方手中已经收集到两张同一智兽卡牌，这时潜在威胁已经存在，只要对手再获取一张同一智兽的卡牌，就能对我们造成威胁。

把红绿灯法则运用到游戏中

红绿灯法则有助于我们在游戏中评估和识别威胁。下图将示范如何运用红绿灯法则识别并做出正确的决定。

运用红绿灯法则识别学生甲面临的威胁，并找到解决问题的方法。下图局势中轮到学生甲，接着轮到学生乙。（按照逆时针方向进行）

丙

停下来审视局势
自问：是否有学生已构成威胁？
有！注意学生乙下一轮将会集齐四张大嘴兽智兽卡牌，然后赢得该回合。

丁

乙

甲

思考各种可能的方案
学生甲可在这轮拿取大嘴兽智兽卡牌，从而消除威胁。

开始行动
学生甲拿取大嘴兽智兽卡牌。

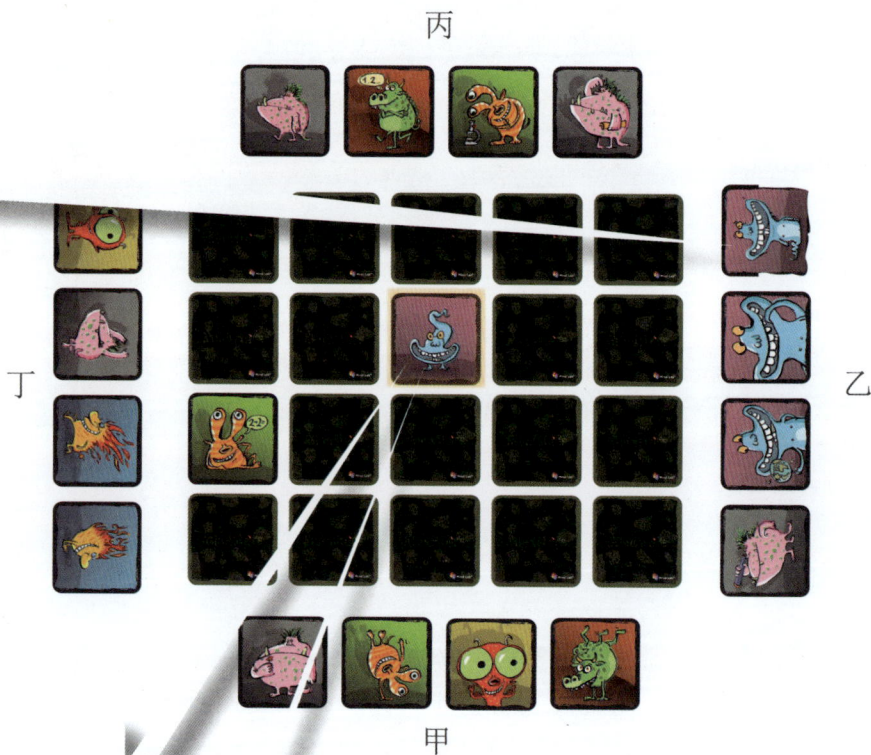

练习使用红绿灯法则

1. 运用红绿灯法则识别学生甲面临的威胁，并找到解决问题的方法。下图局势中轮到学生甲，接着轮到学生乙。（按照逆时针方向进行）

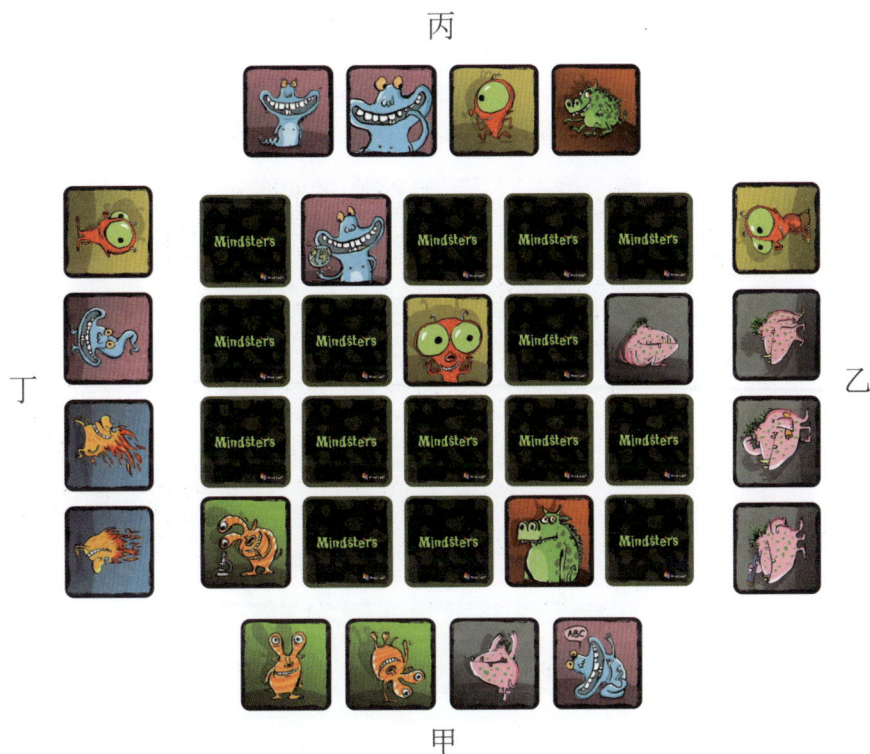

丙

丁

乙

甲

红灯：停下来，观察，收集信息

• 哪一方构成了威胁？

☐ 学生甲   ☐ 学生乙   ☐ 学生丙   ☐ 学生丁

黄灯：分析信息，提出问题

• 牌库中是否有学生乙获胜所需要的智兽卡牌？   ☐ 是   ☐ 否
• 为了避免学生乙获取这张智兽卡牌，学生甲应该如何行动呢？为什么？

☐   ☐   ☐   ☐   ☐

绿灯：做决定

• 学生甲应该拿取牌库中的哪张智兽卡牌？

☐   ☐   ☐   ☐   ☐

2. 运用红绿灯法则帮助学生甲做决定，并解释。下图局势中轮到学生甲，你将帮他会如何选择智兽卡牌。

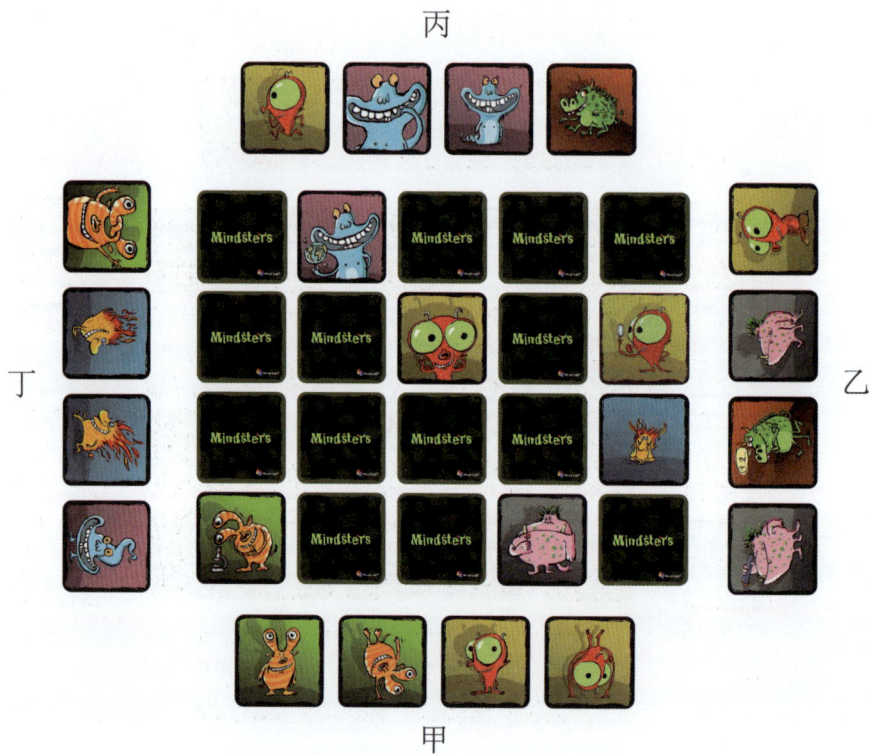

丙

丁

乙

甲

- 学生甲可以构建威胁吗？ ☐ 是 ☐ 否
- 学生甲拿取哪张智兽卡牌可以构建威胁？

☐   ☐   ☐   ☐   ☐

- 可以构建威胁的卡牌分别有几张？ _____ 张   _____ 张
- 每种智兽有 _____ 张卡牌？
- "大眼智兽"和"长眼智兽"分别出现了几张卡牌？ _____ 张   _____ 张
- 最终选择哪种智兽构建威胁呢？ ☐   ☐

3. 下列局势中，学生甲为了避免学生乙取得胜利，将箭头所指的智兽卡牌拿到了手中，学生甲应该将哪张智兽卡牌送回到牌库中呢？

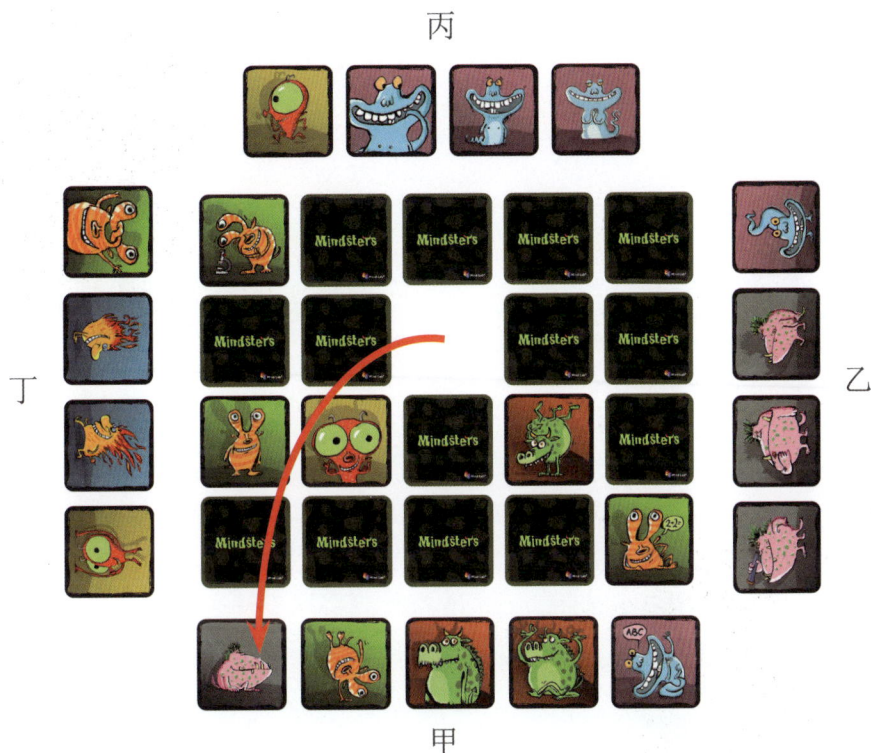

丙

丁

乙

甲

- 学生甲是否可以拿箭头所指的智兽卡牌？　□ 是　　　□ 否

- 这一轮学生甲的行动完成了吗？　□ 未完成　　□ 完成

- 学生甲应该选择在几张智兽卡牌中送回一张到牌库中？

□　　□　　□　　□

- 请将最终选择放回的智兽卡牌圈起来，用箭头标识出放回的位置。

- 学生乙是否已经构成威胁？他想获胜必须要如何行动？

生活中的"红绿灯法则"

"停下来"为什么要用红色？

红色，通常与血液的颜色联系在一起，它被用来表达"停止"的意思，深层次的含义中，红色象征着危险情况，所以忽略它将意味着严重后果的发生。红色被全世界用来当做警告车辆停止的标志，以预防潜在碰撞的发生。

"警示"为什么要用黄色？

黄色信号灯，在发明交通信号灯之初并没有加入其中。最终经过人们不断测试，取代了最初被铁路系统挑选的绿色，成为了起到警示作用的信号灯光。虽然我们现在已经习以为常，但是依然有一部分人认为，黄色在一定程度上象征着太阳，意味着会让驾驶员放松从而起不到惊醒的作用。无论如何，黄色在夜间还是有着长足的优势，尤其是可视距离能力优秀。

"行动"为什么要用绿色？

绿色，从某种程度上来说与红色一样，它其实是人类情感的另一种表达，代表了闲适和放松，正如以及其他自然和健康的元素一样，让驾驶员看上去不会有强烈的力量感。除此之外，绿色在夜间也非常容易识别。

策略二：延迟满足策略

　　延迟满足，就是我们平常所说的"忍耐"。为了追求更大的目标，获得更大的享受，可以克制自己的欲望，放弃眼前的诱惑。延迟满足是非常重要的一种思维策略。为了实现长期的目标，在某些阶段要克制自己的一些行为或放弃一些已经获取的成果，虽然内心是非常难过的，但是相比失败，或许这是最好的选择。

　　在智兽游戏中，很多情况下为了限制其他对手获胜，要选择将手中已经收集起来的三张智兽卡牌（威胁）解除，这就是为了获取最终的胜利而做出的延迟满足。

把延迟满足策略运用到游戏中

下列局势轮到学生甲，为了阻止学生乙获胜，学生甲要如何行动？

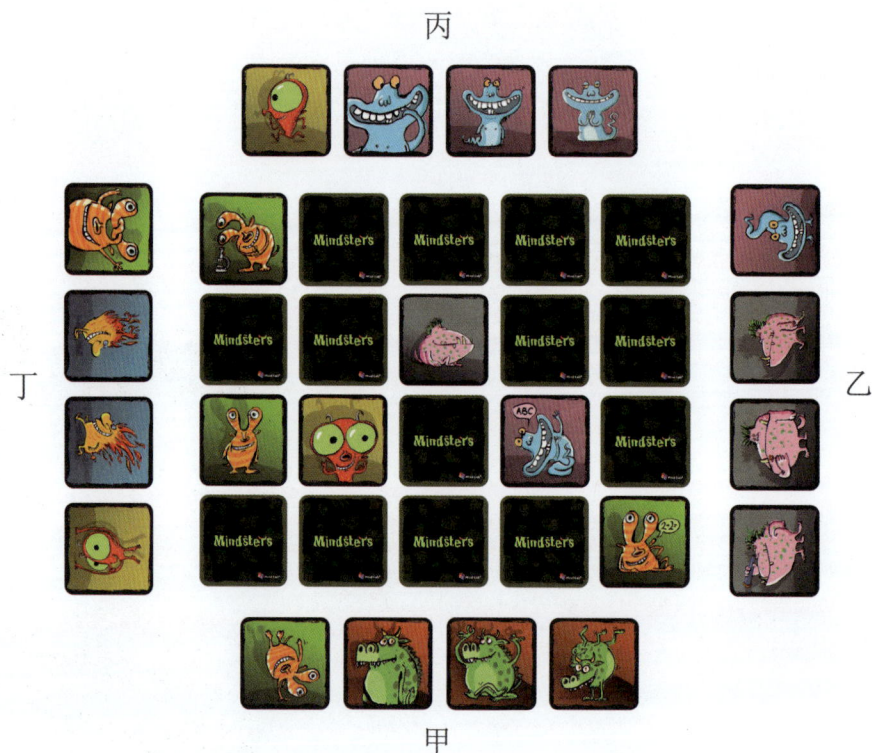

丙

丁

乙

甲

1. 学生甲是否面临威胁？ ☐ 是　☐ 否

2. 学生甲被哪一方威胁？ ☐ 学生乙　☐ 学生丙　☐ 学生丁

3. 为了解除威胁，学生甲接下来应该如何行动？

☐ 在牌库中翻开一张卡牌　☐ 拿取翻开的一张卡牌

4. 学生甲应该拿取哪一张智兽卡牌？

☐ 　☐ 　☐ 　☐

5. 采取行动之后，学生甲将面临什么样的处境？

_____

6. 学生甲是否做出了"延迟满足"的决定？

_____

练习使用延迟满足策略

1. 下列局势轮到学生乙，为了阻止学生丙获胜，学生乙要如何行动？

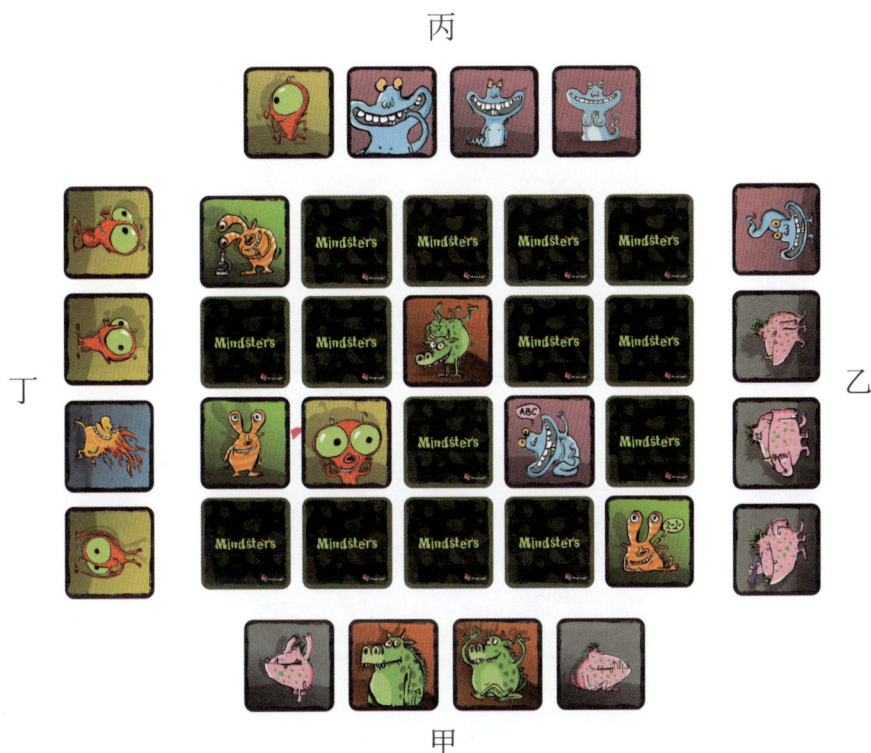

丙

丁

乙

甲

- 学生乙是否面临威胁？ ☐ 是 ☐ 否

- 学生乙被哪一方威胁？ ☐ 学生甲 ☐ 学生丙 ☐ 学生丁

- 为了解除威胁，学生甲接下来应该如何行动？

  ☐ 在牌库中翻开一张卡牌 ☐ 拿取翻开的一张卡牌

- 学生甲应该拿取哪一张智兽卡牌？

  ☐ ☐ ☐ ☐

- 学生乙是否做出了"延迟满足"的决定？

  _____

- 学生丙是否也需要"延迟满足"呢？该如何行动？

  _____

生活中的"延迟满足"

在下列选项中选出属于"延迟满足"的选项，并在前面的方框中画勾：

[   ] 每天放学回家必须完成作业之后才能玩电脑或其他活动。

[   ] 刚吃完饭不能吃冰激凌，我却偷偷的吃了一只。

[   ] 每次运动完之后，不能立刻喝冷饮或吃冰激凌。

[   ] 周六必须整理好自己的房间才能去游乐场玩。

[   ] 最喜欢的动画片每天可以看两次，每次看1-2集，看完自己关上。

[   ] 答应妈妈到商场不买玩具，但走到商场后我却哭着非要买。

[   ] 每年可以给自己买五个玩具。

[   ] 今天过生日，妈妈告诉我吹完蜡烛、许完愿望才能吃蛋糕，但是我提前就吃掉了。

[   ] 今天朋友来家里玩，妈妈准备了我们特别喜欢零食，要等朋友来了一起吃，但是我朋友还没有来，我已经吃光了。

策略三：关注他人策略

　　关注他人是非常重要的一种能力。就是对身边其他人的行为、举止、言语、表情的关注，根据关注所收集到的信息做出正确的判断和行动。

　　在智兽游戏中"关注他人"伴随着每一次思考和行动。例如：我们每次行动之前需要关注自己下一方是否构成威胁，如果没关注就可能面临威胁。甚至有时候之关注自己的下一方还不够，还要关注其他三方，因为有时你获胜所需要的智兽卡牌牌库中已将没有了，这时，你就应该做出新的决定，如果没有关注到，可能永远不能取胜。当一方手中已经收集到两张同一智兽卡牌，这时潜在威胁已经存在，只要对手再获取一张同一智兽的卡牌，就能对我们造成威胁。

把关注他人策略运用到游戏中

下列局势中，轮到学生甲，他应该拿取哪张智兽卡牌呢？为什么？

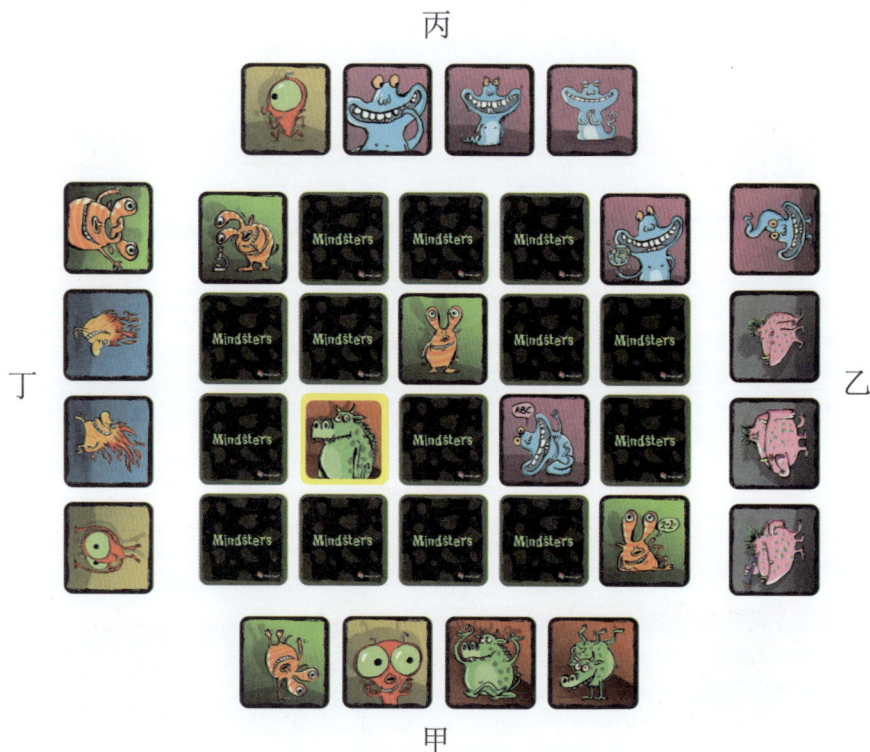

丙

丁

乙

甲

1. 学生甲是否面临威胁？ ☐ 是 ☐ 否

2. 学生甲被哪一方威胁？ ☐ 学生乙 ☐ 学生丙 ☐ 学生丁

3. 学生甲可以选择在牌库中翻开新的智兽卡牌吗？ ☐ 可以 ☐ 不可以

4. 学生甲如果拿取黄色圈出的智兽卡牌后，学生乙可以阻止学生丙的获胜吗？ ☐ 可以 ☐ 不可以

5. 学生甲必须要拿取哪一张智兽卡牌？

☐ ☐ ☐

6. 学生甲拿取"大嘴智兽"可以阻止学生丙获胜吗？还需要哪一方继续拿取"大嘴智兽"才能阻止学生丙获胜？

☐ 学生乙 ☐ 学生丙 ☐ 学生丁

▷ 生活中的"关注他人"

请回答下列问题：

1. 在课堂上当同学回答问题的时候，你是否需要关注？关注什么呢？

_____

_____

2. 在打篮球时，你需要关注哪些人呢？为什么？

_____

_____

3. 妈妈是否需要被关注，你要如何关注妈妈呢？举例说明。

_____

_____

策略四：共同利益策略

　　游戏中，每方都想自己赢，但是同时两方或三方要阻止第四方赢，他们之间就必须联合起来，这样就有了共同利益。共同利益策略无论在游戏中还是生活中都很有用。我们同时既是竞争对手又可以是朋友。

　　在智兽游戏中，首先我们要识别在竞争的情况下我们的共同利益是什么。这个策略教会我们在行动之前必须识别出威胁。然后看看通过与他人合作的方式是否能够阻止威胁。

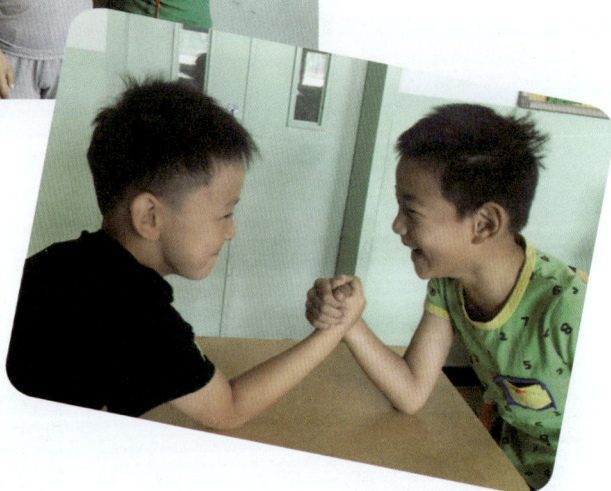

把共同利益策略运用到游戏中

下列局势中，轮到学生丁，他在牌库中翻出了红色圈起来的智兽卡牌，他应该如何做出选择呢？为什么？

丙

丁

乙

甲

1. 哪一方已经收集到与学生丁翻开的智兽卡牌相同三张智兽卡牌？

   ☐ 学生甲　　☐ 学生乙　　☐ 学生丙　　☐ 学生丁

2. 如果不拿该智兽卡牌，接下来的其他同学是否可以阻止威胁？　　☐ 可以　　☐ 不可以

3. 被翻开的智兽卡牌牌库中出现了几张？

   ☐ 1　　☐ 2　　☐ 3　　☐ 4

4. 接下来哪一方拿取"大嘴智兽"才能阻止学生丙获胜？

   ☐ 学生甲　　☐ 学生乙　　☐ 学生丙　　☐ 学生丁

5. 在每次行动或做决定之前是否需要关注他人？　　☐ 是　　☐ 否

6. 谈谈你对"关注他人"这一策略的理解。

生活中的"共同利益"

草原上的王者—狮子

狮子是一种生存在非洲与亚洲的大型猫科动物，是现存平均体重最大的猫科动物。它们生活在热带稀树草原和草地，也出现于灌木和旱林。肉食，常以伏击方式捕杀其他温血动物。分布于非洲草原、亚洲印度。在野外狮子可存活10到14年。

因"共同利益"群体生活的狮群

狮子通常群居生活，一个狮群约有8到30个成员，平均为17头。其中往往包含连续的几代雌狮，至少一头成年雄狮和一些成长中的狮幼仔。雌狮构成了狮群的核心，它们极少离开出生地。狮群包含2头成年雄狮，但是肯定只有一头是领头的。成年雄狮往往并不和狮群呆在一起，它们不得不在领地四周常年游走，保卫整个领地。一般它们能够在狮群中做几个月到几年的头领，这要看它们是否有足够的能力击败外来雄狮。

狮群的成员们除了在捕食的时候聚集在一起之外，一般都是由母狮带领自己的孩子，分散成几个家庭独自生活。正是由于狮子这种群居性质，而且它们是地球上最强大的猫科动物之一，非洲的其他动物很难与之抗衡。

狮群的"共同利益"—捕猎

　　狮群中，雌狮们是主要的狩猎者。尽管狮子非常强壮，奔跑速度也很快，但是它们的猎物往往也会进行反击，甚至比它们数量更多，体型更大，甚至比它们跑得还快。狩猎时，这些大型猫科动物并不会注意风向，因而往往将气味暴露给了它们的猎物；而且由于相比于它们庞大身躯的较小心脏，狮子缺乏长途追击的耐力，只冲刺一段路程后就筋疲力尽了。因此，大多数情况下它们不得不空手而归。所以，狮群必须要聚集在一起进行狩猎，并且更加小心翼翼，分工更加明确。雌狮们分散开围成一个扇型包围一群猎物，把捕猎对象围在中间，然后从各个方向接近，伺机在被围的兽群惊慌奔突时找准一个倒霉的家伙下手。

思维词典

特征——指某一物质自身所具备的特殊性质,是区别于其他物质的基本征象和标志。

红绿灯法则——红绿灯法是个广谱法则,它存在于我们生活和学习的各个方面,只要是有意识的活动都需要红绿灯法则。通过不断体验与运用红绿灯法则,使我们形成良好的思维品质,改善我们的行为习惯。

威胁——威胁是某人或某事物有即将对我们造成伤害的危险。在三子棋游戏中,威胁是我的对手即将在行,列或者对角线上把棋子连成一线而赢得游戏的情况。

延迟满足——延迟满足就是我们平常所说的"忍耐"。为了追求更大的目标,获得更大的享受,可以克制自己的欲望,放弃眼前的诱惑。

关注他人——就是对身边其他人的行为、举止、言语、表情的关注,根据关注所收集到的信息做出正确的判断和行动。

共同利益——我们的竞争对手不是在任何时候都是敌对状态,在共同利益的影响下,我们与对手也可以联合起来进行合作。

找嘟嘟

亲爱的学生：

    学习侦探法则，在解决问题过程中像侦探一样全面的收集信息，并对收集的信息进行分析，通过提问的方式对思考的结果进行验证。

阅读下面的故事：

失踪的朋友之谜

　　昨天，盖伊和他的朋友们在公园上相遇，然后他们决定玩捉迷藏的游戏。汤米同意做找人的那个人。他把头伏在树干上，闭上眼睛，然后开始慢慢从一数到十"1，2，3……"其他小朋友则往各个方向跑去，每个人都在寻找一个隐蔽的藏身地点。数到十之后，汤米开始到公园的每个设施上寻找他那帮躲起来的朋友们。

　　他在旋转木马那里找到了苏西，然后又在秋千后面找到了迪安。接着他又在冰激凌店找到了安娜……他们玩得真高兴！

　　汤米继续到处搜寻。"盖伊躲在哪里？"他大声地问。其他孩子们也开始帮忙四处寻找并呼喊他的名字"盖伊，盖伊！"但还是不见盖伊的踪影。

　　"这真是个谜团！"孩子们想，"盖伊怎么可以把自己藏得那么好，以致我们全体都找不到他呢？"

　　安娜提议他们像侦探那样寻找，他们肯定可以找到盖伊！

安娜跑去问站在旋转木马旁边的人：请问你们是否有人看到有个小男孩藏在附近？他们都说没有，没看到。期间有四个小孩一直在湖边玩，于是汤米就问他们有没有看到一个小男孩躲在附近的地方。他们说看到他跑到湖的另一边去了。"哈！这可是个线索啊！"孩子们心想……

但在他们搜集到更多线索前，盖伊就自动从他藏身的地方走出来，然后迅速地跑向那棵树并大声数数："1，2，3，全部人自由咯！"

但是谜团还没有解开！刚才盖伊到底躲藏在哪里？你们想知道盖伊刚才躲在哪里吗？盖伊告诉小朋友们，当汤米开始数数的时候，他快速地跑到了湖边那棵大树下，钻进了那棵树的树洞里，所以没有人可以看得到他！

谜团终于揭开了！

学习"找嘟嘟"的游戏规则

游戏目标

找出嘟嘟卡片的隐藏位置。

初始位置

把游戏卡正面朝上排列整齐地放置于桌子中央。（4行，6列）

游戏规则

1. 推选一位参与者为"小组长"，负责把嘟嘟卡藏起来并就组员们提出的关于嘟嘟隐藏位置的问题回答"是"或"不是"。

2. 在小组长藏嘟嘟卡的过程中，组员们需要低下头，闭上眼睛，不许偷看。藏好后小组长告诉组员们睁开眼睛。

3. 每名组员轮流按照以下形式提一个问题"嘟嘟是不是藏在…的房子后面"，即按照游戏卡上的房子的某个单独的特征提问。又如："嘟嘟是不是被藏在屋顶有彩色花纹的房子后面？"

4. 小组长只能回答"是"或"不是"。然后，由组员轮流提问，直到有人找到嘟嘟的隐藏地点为止。如果答案是"是"，那么小组长应将所有不含这个已被发现的特征的卡片正面朝下放好。（例如：如果问题是"嘟嘟是藏在一间浅紫色的房子里面吗？"，且答案是"是"的话，那么小组长应将印有深紫色房子的全部卡片正面朝下放好。）

5. 胜出的组员成为下一轮游戏的小组长。

测试对游戏规则的理解

a. 在小组长藏嘟嘟时，其他参与者是否可以偷看？

　　☐ 是　　　☐ 否

b. 嘟嘟藏好后，其他参与者要通过什么方式找到嘟嘟？

　　☐ 提问　　　☐ 任意翻开卡片

c. 小组长针对其他参与者提出的问题要如何回答？

　　☐ 随便回答　　　☐ 只能回答"是"或者"不是"

d. 下列问题是游戏过程中提出的，哪些问题是"是非问题"？

　　☐ 嘟嘟藏在哪个动物的房子后面？

　　☐ 嘟嘟是不是藏在老鼠的房子后面？

　　☐ 嘟嘟藏在有太阳的房子后面，还是藏在没有太阳的房子后面？

　　☐ 嘟嘟是不是藏在这座房子后面？

　　☐ 嘟嘟是不是藏在烟囱冒烟、紫色墙壁、有太阳的房子后面？

e. 在下列是非性问题中，哪些是符合规则的提问？

　　☐ 嘟嘟是不是藏在第一行房子的后面？

　　☐ 嘟嘟是不是藏在烟囱冒烟、紫色墙壁、有太阳的房子后面？

　　☐ 嘟嘟是不是藏在房顶有花纹的房子后面？

　　☐ 嘟嘟是不是藏在住着小猫的房子后面？

　　☐ 嘟嘟是不是藏在住着小鱼、房顶有波浪花纹的房子后面？

f. 提问："嘟嘟是不是藏在有太阳的房子后面？"得到的回答是"不是"之后应该怎么做？

　　☐ 把有太阳的房子全部反扣过去。

　　☐ 把没有太阳的房子全部反扣过去。

探究找嘟嘟游戏卡牌

1. 请仔细观察下图，回答问题：

a. 房子里住着什么动物？

☐ 老鼠　　　☐ 猫　　　☐ 鱼　　　☐ 鸟

b. 它有什么特征呢？

☐ 它是橘黄色的　　　☐ 它有胡须　　　☐ 鼻子是粉色的　　　☐ 一只眼睛有斑点

c. 上图卡片中有哪些特征？

• 房子的墙壁是什么颜色？

☐ 紫色　　☐ 蓝色　　☐ 绿色　　☐ 黄色

• 房顶上有什么花纹？

☐ 波浪线　　☐ 没有　　☐ 横线　　☐ 彩色

• 烟囱是否在冒烟？

☐ 是　　　☐ 否

• 是否有太阳？

☐ 是　　　☐ 否

识别找嘟嘟游戏卡牌的特征

2. 请观察下列房子卡片，完成下列练习：

要求：

a. 用 红色 笔将烟囱冒烟的房子圈起来。

b. 用 蓝色 笔将小猫居住的且屋顶带有波浪花纹的房子圈起来。

c. 用 黑色 笔将屋顶带有五彩花纹的房子圈起来。

d. 用 绿色 笔将蓝色墙壁且烟囱没有冒烟的房子圈起来。

3. 比较下面两座房子，找出它们的相同特征及不同特征：

a. 两座房子有 _____ 处相同特征。请在下列特征中标示出来。

☐ 墙壁颜色　☐ 房顶花纹　☐ 烟囱冒烟　☐ 动物　☐ 阳光照耀

b. 还有其他相同特征吗？

_____

c. 两座房子有 _____ 处不同特征。请在下列特征中标示出来。

☐ 墙壁颜色　☐ 房顶花纹　☐ 烟囱冒烟　☐ 动物　☐ 阳光照耀

d. 还有其他不同特征吗？

_____

按照找嘟嘟游戏卡牌的特征进行分类

4. 请观察下列房子，根据相同特征将其分类。

a. 按照房子墙壁颜色的特征进行分类，可以分成 _____ 类。

b. 还可以按照什么特征将房子分为两类呢？请在下列特征中选择出来。

☐ 房顶花纹　☐ 烟囱冒烟　☐ 动物　☐ 阳光照耀

c. 还可以将这些房子分为 _____ 类，你是按照什么特征进行分类的？

☐ 房顶花纹　☐ 烟囱冒烟　☐ 动物　☐ 阳光照耀

d. 房子里住着不同的动物，但是它们也存在相同特征，你能找到吗？

_____

5. 请圈出与下列描述一致的房子：

  a. 嘟嘟藏在阳光照耀的房子后面，那间房子是深紫色的，房子里住着一条绿色的小鱼。

    （用红色笔圈出）

  b. 嘟嘟藏在烟囱冒烟的房子后面，那间房子是浅蓝色的，房子里住着一只黑色的小猫。

    （用黑色笔圈出）

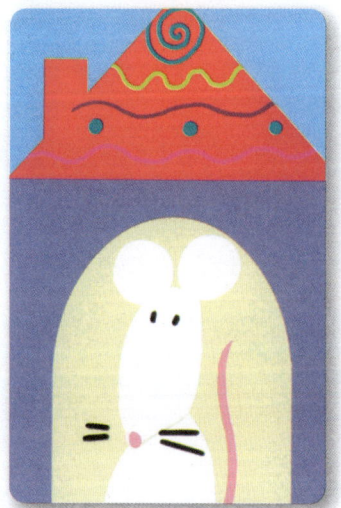

c. 你会将嘟嘟藏在哪座房子后面呢？请用完整的话描述这座房子。

6. 你是一名小侦探，请注意以下房子里的小动物都消失了。请在上一页寻找线索，找出每座房子里住着什么小动物，并在相应动物的名字上画勾。

☐ 猫   ☐ 鱼

☐ 老鼠   ☐ 小鸡

☐ 猫   ☐ 鱼

☐ 老鼠   ☐ 小鸡

☐ 猫   ☐ 鱼

☐ 老鼠   ☐ 小鸡

☐ 猫   ☐ 鱼

☐ 老鼠   ☐ 小鸡

生活中的"特征"

7. 根据提示完成下列练习：

a. 你是男生还是女生？

_____

b. 简单描述自己的特征：

_____

_____

c. 你最好的朋友有哪些特征？你能找出与他身上相同的特征吗？

你的特征	好朋友的特征
你们之间的相同特征	

d. 除了外在特征（眼睛可以看到的特征），你有哪些内在特征呢？（例如：爱好、性格、乐于助人等等）

_____

生活中的“分类”

日常生活中，无论是家里还是学校都会产生大量的生活垃圾，将垃圾分类投放是非常重要的。垃圾分类，指按一定规定或标准将垃圾分类储存、分类投放和分类搬运，从而转变成公共资源的一系列活动的总称。分类的目的是提高垃圾的资源价值和经济价值，力争物尽其用。

下图有四个垃圾桶，将垃圾分类放置到各个垃圾桶里：

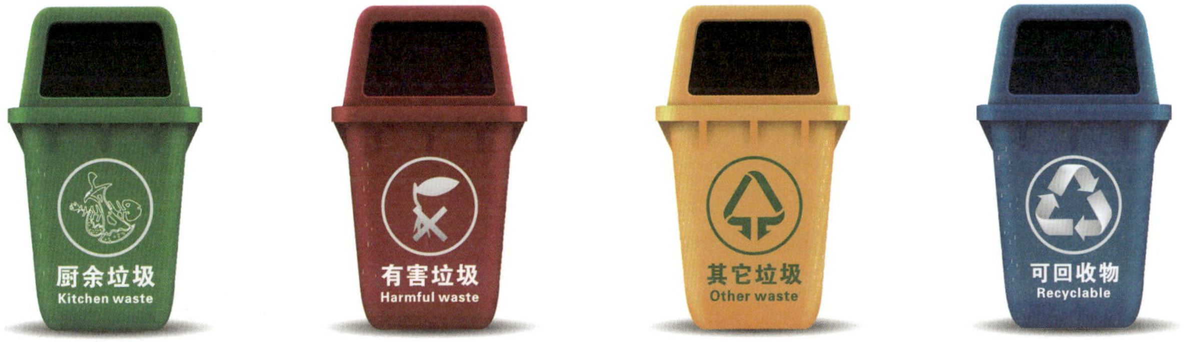
厨余垃圾
Kitchen waste
有害垃圾
Harmful waste
其它垃圾
Other waste
可回收物
Recyclable

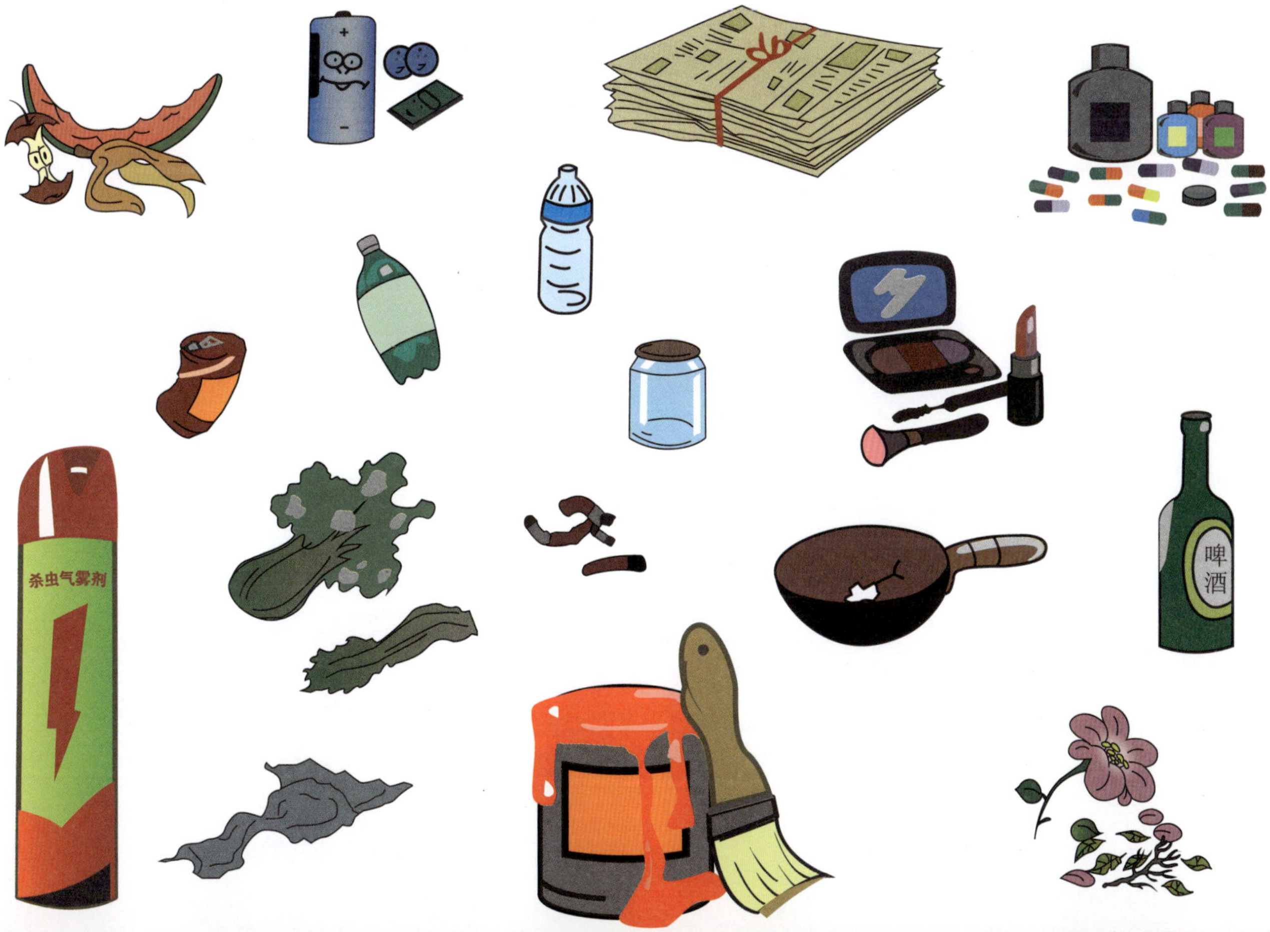
杀虫气雾剂
啤酒

元认知思维法：红绿灯法则、侦探法则

玩游戏免不了会出错招，人非圣贤，孰能无过。但是为什么会出错呢？其中一个原因是我们大多时候冲动行事。当然先行动再思考是人的天性。但是为提高正确决策的能力，我们必须学会三思而后行。

红绿灯法则这种元认知思维法恰好能让我们学会三思而后行。

红灯
- 停，停下来观察，把注意力转向你周围的环境。
- 收集与识别相关（不相关）信息。

黄灯
- 根据在红灯时收集到的信息，分析和计划。

绿灯
- 依据黄灯时拟定的计划和可能性去执行。

这样的思考过程如同红绿灯指挥着交通，来指挥我们的思维活动。能帮助我们自觉且负责任地采取行动。

如同一名优秀的侦探那样去解决问题。侦探法则能够帮助我们像侦探那样收集信息、分析信息、解决问题。

1. 确定基本目标："我们想要完成什么？"

2. 收集信息

收集信息的关键在于全面，这就要求在收集信息的环节中要像侦探那样利用一切手段和方法来全面的收集信息，这里我们先从认真仔细地观察、提出问题、细心倾听等方面出发培养全面收集信息的能力。

3. 分析信息

像侦探那样，将收集到的信息进行分析，找到达成目标过程中遇到的阻碍因素或者矛盾，并从最初遇到的矛盾开始，逐层分析。

将红绿灯法则、侦探法则运用到游戏中

嘟嘟藏在下面四座房子其中一座房子后面，你是否可以提出两个问题确定嘟嘟的隐藏位置呢？

红灯亮起，需要我们做什么？

☐ 停下来——观察、收集信息。
☐ 思考并分析，制定行动计划。
☐ 根据计划小心谨慎的行动。

a. 观察上图中的四张房子卡片，
收集到了哪些信息？

墙壁颜色： 紫色有 _____ 张、
蓝色有 _____ 张。

烟囱： 冒烟有 _____ 张、
不冒烟有 _____ 张。

太阳： 有太阳 _____ 张、
没有太阳 _____ 张。

房顶花纹： 没有花纹 _____ 张、
波浪线花纹 _____ 张、
彩色花纹 _____ 张。

动物： 猫 _____ 张、鱼 _____ 张。

b. 通过观察，还收集到了哪些信息呢？

_____

黄灯亮起，需要我们做什么？

☐ 停下来——观察、收集信息。
☐ 思考并分析，制定行动计划。
☐ 根据计划小心谨慎的行动。

接下来应该像侦探一样思考和分析收集到的信息

a. 作为小侦探，通过分析红灯收集到的信息，可以根据房子哪些特征进行提问呢？

☐ 墙壁颜色　☐ 烟囱是否冒烟　☐ 有没有阳光照耀　☐ 房顶花纹　☐ 动物

b. 如果嘟嘟是藏在阳光照耀的房子后面，接下来如何提问呢？

☐ 嘟嘟是不是藏在烟囱冒烟的房子后面？

☐ 嘟嘟是不是藏在小猫居住的房子后面？

☐ 嘟嘟是不是藏在房顶没有花纹的房子后面？

还可以提出什么问题确定嘟嘟的隐藏位置呢？

_____

c. 现在嘟嘟藏在了紫色墙壁的房子后面：

1) 如果第一个问题问"嘟嘟是不是藏在紫色墙壁的房子后面"，还需要提问几个问题才能找到嘟嘟的隐藏位置？都是什么？

_____

2) 想要两个问题找到嘟嘟隐藏的位置，需要根据什么特征进行提问呢？

☐ 嘟嘟是不是藏在小猫/小鱼居住的房子后面？

☐ 嘟嘟是不是藏在烟囱冒烟/不冒烟的房子后面？

☐ 嘟嘟是不是藏在房顶有波浪花纹的房子后面？

☐ 嘟嘟是不是藏在紫色墙壁的房子后面？

☐ 嘟嘟是不是藏在房顶有花纹的房子后面？

绿灯亮起，需要我们做什么？

☐ 停下来——观察、收集信息
☐ 思考并分析，制定行动计划
☐ 根据计划小心谨慎的行动

将你最终提出的问题写下来：

_____

练习使用红绿灯法则、侦探法则

1. 嘟嘟藏在下面八座房子其中一座房子后面，你是否可以提出三个问题确定嘟嘟的隐藏位置呢？

a. 作为小侦探，你可以根据房子哪些特征进行提问？

☐ 墙壁颜色　☐ 烟囱是否冒烟　☐ 有没有阳光照耀　☐ 房顶花纹　☐ 动物

b. 如何提问可以三个问题确定嘟嘟隐藏的位置？

第一个问题：嘟嘟是不是藏在 ＿＿＿＿＿ 房子后面？

☐ 紫色墙壁　☐ 烟囱冒烟　☐ 烟囱不冒烟　☐ 有太阳　☐ 猫　☐ 鱼
☐ 没太阳　☐ 波浪花纹　☐ 彩色花纹　☐ 没有花纹　☐ 老鼠　☐ 小鸟

还可以提出什么问题？

第二个问题：嘟嘟是不是藏在 ＿＿＿＿＿ 房子后面？

☐ 紫色墙壁　☐ 烟囱冒烟　☐ 烟囱不冒烟　☐ 有太阳　☐ 猫　☐ 鱼
☐ 没太阳　☐ 波浪花纹　☐ 彩色花纹　☐ 没有花纹　☐ 老鼠　☐ 小鸟

还可以提出什么问题？

第三个问题：嘟嘟是不是藏在 ＿＿＿＿＿ 房子后面？

☐ 紫色墙壁　☐ 烟囱冒烟　☐ 烟囱不冒烟　☐ 有太阳　☐ 猫　☐ 鱼
☐ 没太阳　☐ 波浪花纹　☐ 彩色花纹　☐ 没有花纹　☐ 老鼠　☐ 小鸟

还可以提出什么问题？

2. 下面是找嘟嘟局势，根据提示思考下列问题：

a. 上面显示的是找嘟嘟游戏的情境，我记得提了两个问题，但是却忘记提了什么问题反扣这些牌，请认真观察，在下面选择中选出正确的两个问题：

☐ 嘟嘟是不是藏在墙壁是深紫色的房子后面？

☐ 嘟嘟是不是藏在烟囱冒烟的房子后面？

☐ 嘟嘟是不是藏在有太阳的房子后面？

☐ 嘟嘟是不是藏在小鸡的房子后面？

b. 接下来根据哪个特征进行提问可以反扣三张房子卡片呢？

☐ 嘟嘟是不是藏在墙壁是深紫色的房子后面？

☐ 嘟嘟是不是藏在烟囱冒烟的房子后面？

☐ 嘟嘟是不是藏在有太阳的房子后面？

☐ 嘟嘟是不是藏在小鸡的房子后面？

c. 还可以根据什么特征进行提问呢？为什么？

提问："嘟嘟是不是藏在 _____ 的房子后面？

3. 下面是找嘟嘟游戏，接下来要将嘟嘟藏在其中一座房子后面，回答下一页的引导问题，确定嘟嘟最好的隐藏位置。

a. 根据墙壁颜色隐藏嘟嘟，你会把嘟嘟藏在墙壁是什么颜色房子后面？ 为什么？

☐ 紫色墙壁　　☐ 蓝色墙壁

b. 在紫色墙壁房子的后面隐藏嘟嘟，你会如何选择呢？

☐ 烟囱冒烟　　　　☐ 烟囱不冒烟　　　　☐ 阳光照耀　　　　☐ 没有阳光照耀
☐ 房顶有五彩花纹　☐ 房顶有波浪花纹　　☐ 房顶没有花纹　　☐ 房顶有横线花纹
☐ 猫居住的房子　　☐ 鱼居住的房子　　　☐ 老鼠居住的房子　☐ 小鸡居住的房子

c. 在紫色墙壁，阳光照耀的房子后面隐藏嘟嘟，你会如何选择呢？

☐ 房顶有五彩花纹　☐ 房顶有波浪花纹　　☐ 房顶没有花纹　　☐ 房顶有横线花纹
☐ 猫居住的房子　　☐ 鱼居住的房子　　　☐ 老鼠居住的房子　☐ 小鸡居住的房子
☐ 烟囱冒烟　　　　☐ 烟囱不冒烟

d. 还可以选择哪种特征的房子隐藏嘟嘟呢？

☐ 房顶有五彩花纹　☐ 房顶有波浪花纹　　☐ 房顶没有花纹　　☐ 房顶有横线花纹
☐ 猫居住的房子　　☐ 鱼居住的房子　　　☐ 老鼠居住的房子　☐ 小鸡居住的房子
☐ 烟囱冒烟　　　　☐ 烟囱不冒烟

e. 在紫色墙壁，阳光照耀，烟囱冒烟的房子后面隐藏嘟嘟，你会如何选择？

☐ 房顶有五彩花纹　☐ 房顶有横线花纹　☐ 猫居住的房 子　☐ 鱼居住的房子
☐ 老鼠居住的房子

f. 在紫色墙壁，阳光照耀，烟囱冒烟，房顶有横线花纹的房子后面隐藏嘟嘟，你会如何选择？

☐ 猫居住的房子　　☐ 老鼠居住的房子

g. 在所有房子卡片中，有_____座房子里住着猫？有_____座房子里住着老鼠？

h. 通过小侦探对所有房子的观察、分析和整合，最终找到了嘟嘟最好的隐藏位置。请将这座房子圈出来。

4. 下面是找嘟嘟游戏，接下来要将嘟嘟藏在其中一座房子后面，回答下一页的引导问题，确定嘟嘟最好的隐藏位置。

a. 根据墙壁颜色隐藏嘟嘟，你会把嘟嘟藏在墙壁是什么颜色的房子后面？

　　☐ 紫色墙壁　　☐ 蓝色墙壁

b. 在紫色墙壁房子的后面隐藏嘟嘟，要选择把嘟嘟藏在 ＿＿＿＿＿＿＿ 房子后面。

c. 在紫色墙壁、有太阳的房子后面隐藏嘟嘟，要选择把嘟嘟藏在 ＿＿＿＿＿＿＿ 房子后面或者 ＿＿＿＿＿＿＿ 房子后面。

d. 通过小侦探对所有房子的观察、分析和整合，最终找到了嘟嘟最好的隐藏位置。请将这座房子圈出来。

创造属于你自己的游戏卡。

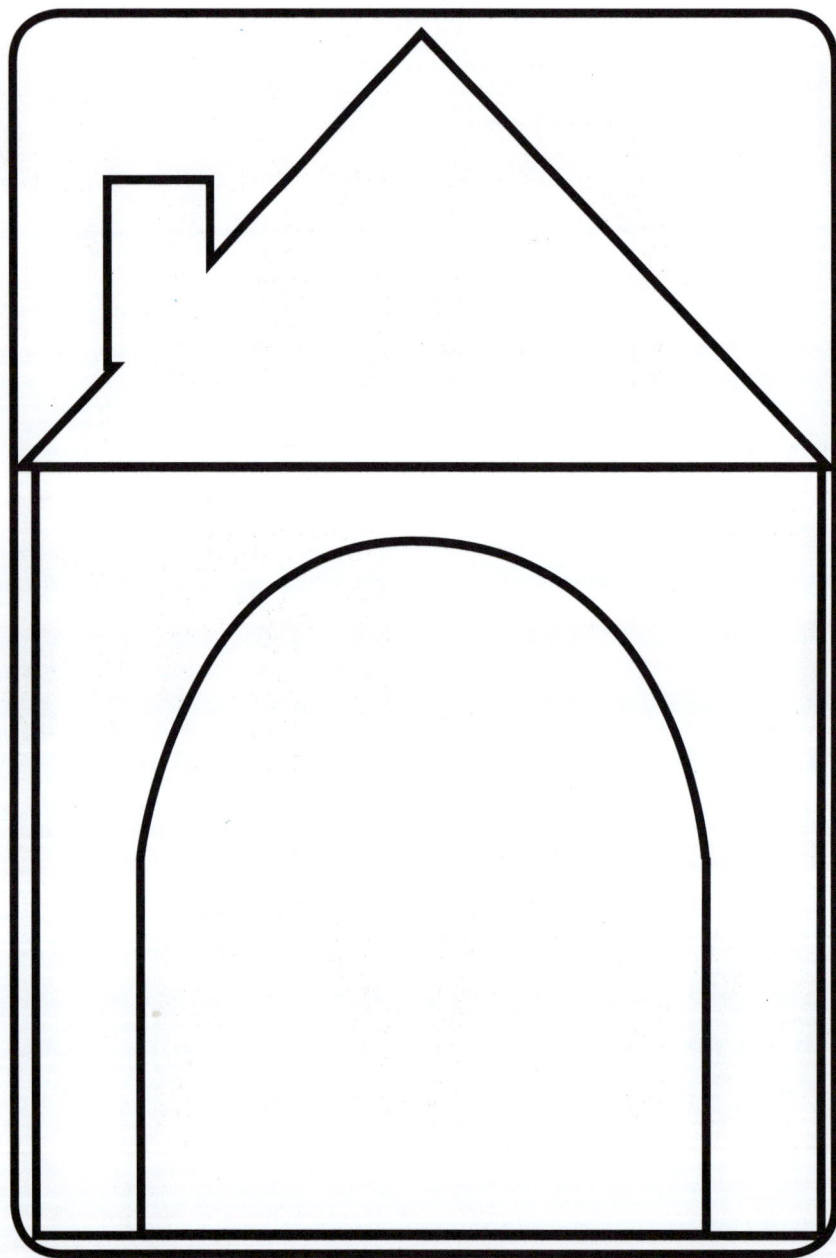

在找嘟嘟游戏中我们学习了红绿灯法则及侦探法则。接下来完成红绿灯法则及侦探法法则相关练习。

a. 下面是红绿灯法则的思考步骤，但是思考步骤被打乱了。
请用直线将正确的步骤连起来。

 ○

○ 思考、分析　　○ 小心谨慎的行动

 ○

○ 行动　　○ 观察并收集信息

 ○

○ 停下来　　○ 分析并计划接下来的行动

b. 下面是侦探法则解决问题的思考步骤，但是顺序被打乱了，在相应的方框内填写数字。

信息的分析与整合　　☐

得出相应结论　　☐

观察，收集相关信息　　☐

提出问题　　☐

思维词典

特征——指某一物质自身所具备的特殊性质,是区别于其他物质的基本征象和标志。

分类——按照事物本身的特征进行分别归类的思维活动。

侦探法则——如同一名优秀的侦探那样去解决问题。侦探法则能够帮助我们像侦探那样收集信息、分析信息、解决问题。

宠物方块

亲爱的学生：

　　很多问题都会存在不同的限制，在限制的条件下解决问题对侦探来说又多了一层挑战。宠物方块游戏可以帮助你们对周围的各种规则、限制建立一种认知，譬如，在游戏中，在家庭、学校以及社会生活中，让你们明白限制不只是约束，同时也是帮助！在宠物方块终掌握"试错法"和"定锚法"两种思考方法可以帮助我们在限制和约束的条件下解决了问题，快去学习一下吧……

宠物方块的游戏规则

游戏目标：

依照游戏规则将动物及食物方块放置在每个游戏关卡上，使得它们都与邻居和睦共处完成后，继续下一张游戏关卡。

游戏规则：

1. 按照适合的难度选择游戏关卡。

2. 取出游戏关卡上出现的动物及食物方块，并放置在游戏关卡上。

3. 依照以下限制将动物及食物方块放入格子内。

   动物之间的限制：

   • 猫不能与老鼠相邻。

   • 猫不能与小狗相邻。

   • 猫不能与斗牛犬相邻。

   • 老鼠可以与小狗、斗牛犬相邻。

   • 两只斗牛犬之间不能相邻，但是其他相同动物之间（猫、老鼠、小狗）可以。

   • 任何动物都不能放在印有公牛图案的方格上。

   动物与食物之间的限制：

   • 猫不能与鱼相邻。

   • 老鼠不能与奶酪相邻。

   • 小狗、斗牛犬不能与骨头相邻。

   • 任何食物之间都是可以相邻的。

   • 任何食物不能放在印有蚂蚁图案的方格上。

不能被相邻放置的动物及食物方块应被放置在不相邻的方块格子内
（方块之间不能有任何重叠的边），如右图所示：

相邻的方块指的是某些边完全或部分重叠的方块。请见以下图表范例：
箭头方向提示了相邻方块之间的边的重叠。

对游戏规则的理解

1. 完成下列问题。以 √ 表示可以相邻，以X表示不可以相邻。

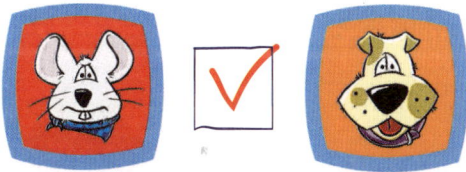

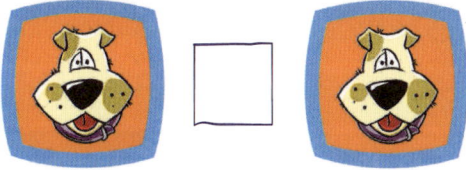

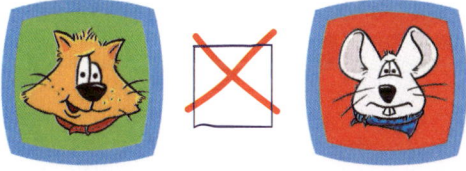

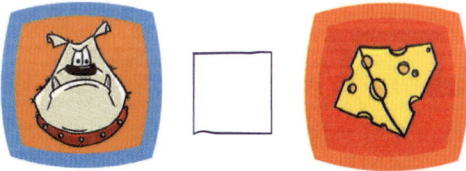

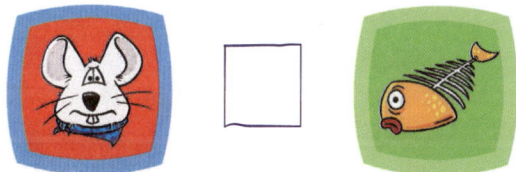

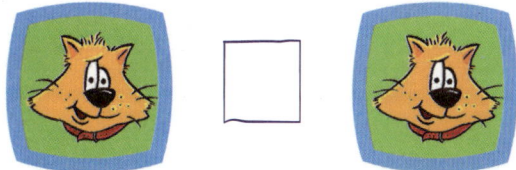

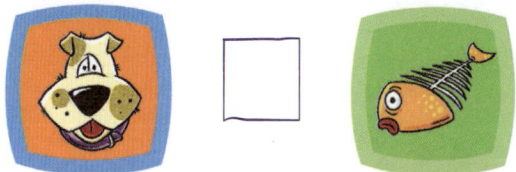

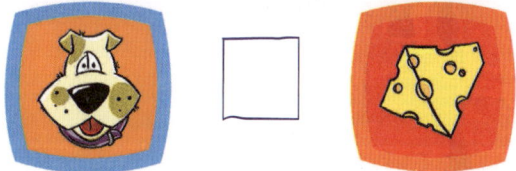

2. 根据游戏规则完成下列关于限制的练习。

    √：按照游戏规则，该组合是被允许的。

    X：按照游戏规则，该组合是不允许的。

填入：√/X   填入：√/X   填入：√/X

填入：√/X

填入：√/X   填入：√/X

填入：√/X

3. 这是一张宠物方块游戏谜题卡。请看以下动物及食物，然后按照游戏规则将图片连线到适当的方块内。

1) 上述游戏挑战卡中出现了一头愤怒的公牛，下方四个方块中应该选择哪个方块覆盖它呢？为什么？

   ☐ 大狗　☐ 老鼠　☐ 奶酪

   _____

2) 确定了奶酪的位置之后，可以确定哪个方块的位置呢？应该放置在哪个格子里面？

   _____

3) 两只大狗是否可以相邻呢？

   ☐ 可以相邻　☐ 不可以相邻

4) 我们是否可以确定大狗的位置呢？大狗应该放置在哪两个格子里面？

   _____

生活中的"规则"

日本人的规则意识

全世界的国家都理解应该削减垃圾的道理。然而，没有任何国家像日本国的民众这般忠实地遵守垃圾分类的规则。在日本生活的人，几乎每个人都要遵从市政府分发给各家的垃圾分类指南去扔垃圾。日本的垃圾分类细致入微，而且各种垃圾的收集日期都不同。

那么，这种"细致入微"的垃圾分类规则，日本人遵守吗？"扔垃圾"作为一项日常行为是否有人监管？

规则意识所指的是发自内心的，以规则作为自己行动的准则的行为。虽然日本人的"扔垃圾"是一件非常繁琐的日常行为，但是大家都自觉自愿地遵守，政府只是提供垃圾处理的保障，并不需要监管。

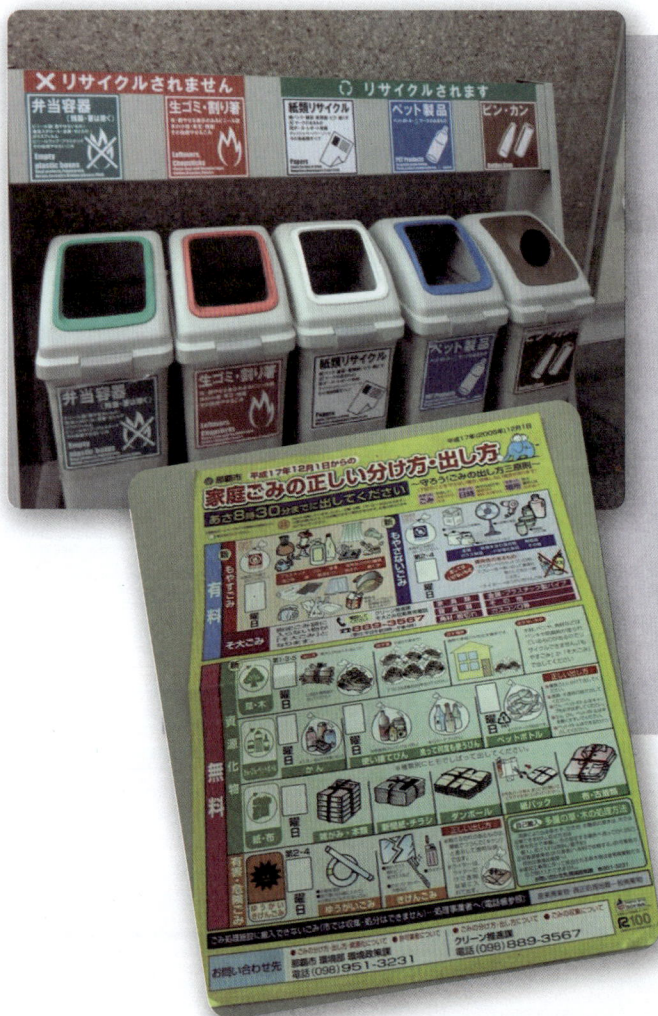

固定时间回收垃圾的日本

在日本垃圾回收的时间是固定的，错过了就要等下一次。每年12月，市民会收到一份年历，每天的颜色不同，这些颜色分别代表不同垃圾的回收时间。

日本横滨的垃圾分类手册长达27页，纷繁复杂的条款让人难以置信。因为难以记忆，每个家庭一般都要在厨房里放一份分类手册，随时翻阅。

请回答下列问题：

1. 你平时遵守哪些不需要其他人监管的规则？

_____

_____

2. 你是否有忽视过规则？请举例。

_____

_____

3. 你的父母是否有教导你遵守规则？有特别印象深刻的吗？请说明。

_____

_____

策略一：试错法

　　如果你曾经碰过烤炉或火，而且被灼伤了，那么你得到了教训，再也不去碰了……

　　如果你为长跑比赛进行训练并且赢得了比赛，那么你很可能获得了成功的经验。你了解到成功依靠刻苦的训练，因此下次比赛前你会训练得更加刻苦。

　　这些都是使用"试错法"的例子。

　　试错法是解决问题的一个技巧，我们尝试，犯错，改正错误，然后再尝试。

　　试错法是在问题解决过程中最常用的方法。通过对可能性逐一进行分析，排除错误的可能，最终找到解决问题的切入点。

试错法思考步骤

1、选择一个方块，找到它的所有的可能性位置。

2、对可能性位置逐一进行分析。

3、排除错误的可能，确定准确位置。

把试错法运用到游戏中

试错法——明确可能性位置

请运用试错法解决下面的挑战卡，并回答问题：

1. 试错法解决问题的第一步是：

☐ 选择一个方块，找到它的所有的可能性位置。

☐ 对可能性位置逐一进行分析。

☐ 排除错误的可能，确定准确位置。

a. 识别方块的可能性位置：

可能摆放的位置是什么？_____

可能摆放的位置是什么？_____

可能摆放的位置是什么？_____

可能摆放的位置是什么？_____

b. 通过对所有方块的可能性位置的识别之后，最终选择哪一个方块进行接下来的思考？

☐　　☐　　☐　　☐

试错法——对可能性位置逐一进行分析

2. 试错法解决问题的第二步是：

☐ 选择一个方块，找到它的所有的
可能性位置。

☐ 对可能性位置逐一进行分析。

☐ 排除错误的可能，确定准确位置。

a. 对"小狗"的可能性位置进行思考分析：

1）如果将"小狗"放置在"3号"格子，哪些格子与它相邻？哪些与它不相邻？

_____

• 以下哪些方块与小狗不能相邻？

☐ 　☐ 　☐

• 以下哪些方块可以与小狗相邻？

☐ 　☐ 　☐

• 小狗放置"3号"格子之后，"小猫""骨头""老鼠"是否可以全部放到空格子中？为什么？

_____

2）如果将"小狗"放置在"1号"格子，哪些格子与它相邻？哪些与它不相邻？

_____

• 以下哪些方块与小狗不能相邻？

☐ 　☐ 　☐

• 以下哪些方块可以与小狗相邻？

☐ 　☐ 　☐

• 小狗放置"3号"格子之后，"小猫""骨头""老鼠"是否可以全部放到空格子中？为什么？

_____

试错法——排除错误的可能，确定准确位置

3. 试错法解决问题的第三步是：

☐ 选择一个方块，找到它的所有的可能性位置。

☐ 对可能性位置逐一进行分析。

☐ 排除错误的可能，确定准确位置。

a. 通过对可能性的分析之后，"小狗"的两个可能性位置哪个是错误的？

_____

b. 排除掉错误的可能性之后，"小狗"正确的位置是什么？

_____

c. 继续解决问题

确定了"小狗"的位置之后，接下来要确定哪个方块的位置？几号位置？

放置在几号位置？ _____

放置在几号位置？ _____

放置在几号位置？ _____

d. 通过对"小狗"可能性位置的分析，最终解决了问题，通过其他方块进行试错是否可以解决问题呢？请尝试解决。

_____

_____

练习使用试错法

1. 请运用试错法解决下面的挑战卡，并回答问题：

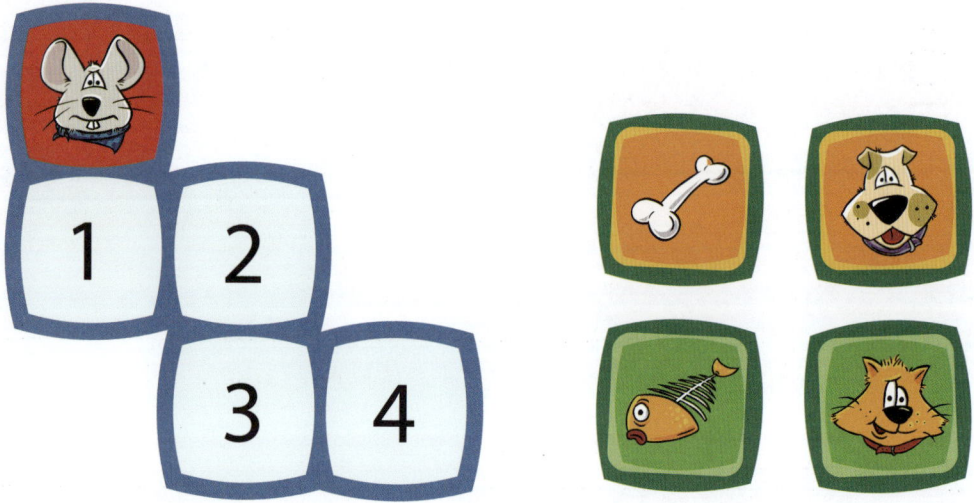

1）找到 的所有的可能性位置。

_____

• 通过对所有方块的可能性位置的识别之后，最终选择哪一个方块进行接下来的思考？

☐ 　　☐ 　　☐ 　　☐

2）逐一分析 的所有可能性。

• 如果 在"2号"格子 可以全部放进空格子中吗？为什么？

_____

• 如果 在"3号"格子 可以全部放进空格子中吗？为什么？

_____

- 如果  在 "4号" 格子  可以全部放进空格子中吗？为什么？

_____

3）排除错误的可能，确定准确位置。

- 通过对可能性的分析之后，  的三个可能性位置哪个是错误的？

_____

- 排除掉错误的可能性之后，  正确的位置是什么？

_____

4）继续解决问题

- 第一步确定了  的位置之后，接下来要确定哪个方块的位置？几号位置？

- 第二步  放置在 _____ 位置 ；

- 第三步  放置在 _____ 位置 ；

- 第四步  放置在 _____ 位置 。

2. 请运用试错法解决下面的挑战卡，并回答问题：

1）通过对所有方块的可能性位置的识别之后，最终选择哪一个方块进行接下来的思考？

☐ 　　☐ 　　☐ 　　☐

2）逐一分析 的所有可能性。

· 如果 在"1号"格子   可以全部放进空格子中吗？为什么？

_____

· 如果 在"2号"格子   可以全部放进空格子中吗？为什么？

_____

3）排除错误的可能，确定准确位置。

- 错误的 _____

- 正确的 _____

4）继续解决问题，写出解决问题的顺序

- 第一步    放置在 _____ 位置。

- 第二步    放置在 _____ 位置。

- 第三步    放置在 _____ 位置。

- 第四步    放置在 _____ 位置。

5）还可以选择  进行分析吗？如何分析？

_____

3. 运用试错法完成下列练习

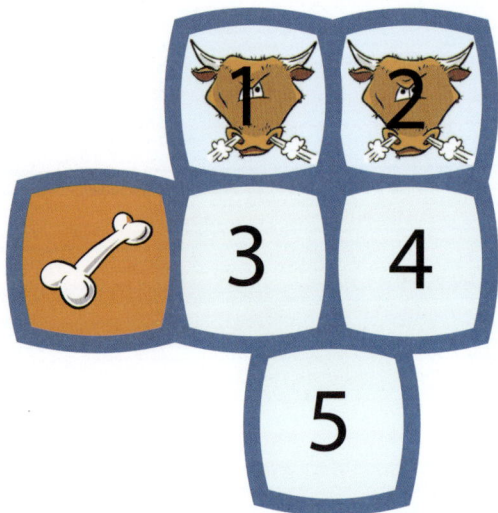

解决问题的过程：

第一步 放置在 _____ 位置。

第二步 放置在 _____ 位置。

第三步 放置在 _____ 位置。

第四步 放置在 _____ 位置。

4. 运用试错法完成下列练习

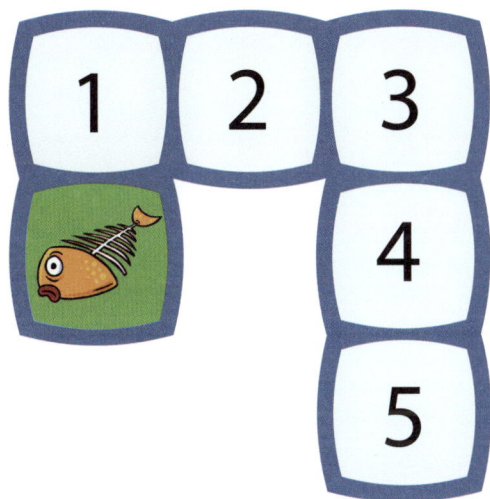

解决问题的过程：

第一步 放置在 ＿＿＿＿＿＿ 位置。

第二步 放置在 ＿＿＿＿＿＿ 位置。

第三步 放置在 ＿＿＿＿＿＿ 位置。

第四步 放置在 ＿＿＿＿＿＿ 位置。

生活中的"试错法"

通过试错来学习也是野生动物重要的生存技能。例如，动物试着抓黄蜂或蜈蚣，它们颜色艳丽（警告色），但却有毒，一抓就会被蜇到，因此动物得到一个教训，再不去碰颜色鲜艳的东西了。当乌鸦筑巢时，它会找不同的材料，尽可能跟周围的环境融为一体，如果一种材料不合适，它会试另一种材料，从试错中学会寻找合适的筑巢材料。

• 试错法强调"犯错"作为一个重要的学习过程的价值。你认为我们在学校中能用到试错法吗？在什么情况下用？

_____

_____

_____

• 你认为什么事情都要去"尝试"吗？有没有什么情况"尝试"可能带来危险，甚至是不可逆的后果？

_____

_____

_____

元认知思维法：红绿灯法则

玩游戏免不了会出错招，人非圣贤，孰能无过。但是为什么会出错呢？其中一个原因是我们大多时候冲动行事。当然先行动再思考是人的天性。但是为提高正确决策的能力，我们必须学会三思而后行。红绿灯法则这种元认知思维法恰好能让我们学会三思而后行。

红灯
- 停，停下来观察，把注意力转向你周围的环境。
- 收集与识别相关（不相关）信息。

黄灯
- 根据在红灯时收集到的信息，分析和计划。

绿灯
- 依据黄灯时拟定的计划和可能性去执行。

这样的思考过程如同红绿灯指挥着交通，来指挥我们的思维活动。能帮助我们自觉且负责任地采取行动。

把红绿灯法运用到游戏中

请运用红绿灯法解决下面的挑战卡，并回答问题：

红灯：停下来观察收集信息

1. 观察游戏区，能收集到什么信息？

_____

2. 观察准备区，能收集到什么信息？

_____

黄灯：综合分析信息，判定一个方块的正确位置

1. 准备区中老鼠可以与 _____ 个方块相邻？是哪个方块？

☐   ☐

2. 游戏区中，老鼠有几个位置可以放置？是什么位置？哪个位置只与一个空格子相邻？

_____

你能判定老鼠只能放置在几号格子里吗？

[1]   [2]   [3]

绿灯：行动

第 _____ 步   放置在 _____ 位置；

第 _____ 步   放置在 _____ 位置；

第 _____ 步   放置在 _____ 位置；

练习使用红绿灯法

1. 综合分析信息，做出正确判断

红灯： **停下来观察收集信息**

1. 观察游戏区，能收集到什么信息？

_____

2. 观察准备区，能收集到什么信息？

_____

黄灯：综合分析信息，判定一个方块的正确位置

1. 游戏区中奶酪不能与准备区中的哪个方块相邻？

☐   ☐   ☐

2. 老鼠有几个位置可以放置？是什么位置？

---

3. 老鼠不能与准备区的哪个方块相邻？

☐   ☐

4. 哪个格子不能放老鼠？为什么？

---

5. 通过对信息的综合分析，老鼠只能放在哪个格子里？

绿灯：行动

第 _____ 步   放置在 _____ 位置；

第 _____ 步   放置在 _____ 位置；

第 _____ 步   放置在 _____ 位置；

2. 综合分析信息，做出正确判断

1) 观察游戏区和准备区，收集到哪些信息？

游戏区：_____

准备区：_____

2) 思考并分析，确定一个方块的正确位置：

a. 你能确定哪个方块的位置？

☐ ☐ ☐ ☐

b. 这个方块在几号格子？为什么？

_____

c. 还能先确定哪个方块的位置？

☐ ☐ ☐ ☐

d. 这个方块在几号格子？为什么？

_____

e. 继续解决问题并写出解决问题的顺序

第 _____ 步 🐭 放置在 _____ 位置。

第 _____ 步 🦴 放置在 _____ 位置。

第 _____ 步 🐱 放置在 _____ 位置。

第 _____ 步 🐟 放置在 _____ 位置。

3. 运用红绿灯法则解决问题

解决问题的过程，请解释：

第＿＿＿＿ 步，你想选择   放置在 ＿＿＿＿＿＿＿＿＿＿ 位置。

第＿＿＿＿ 步 放置在 ＿＿＿＿＿＿＿＿＿＿ 位置。

第＿＿＿＿ 步 放置在 ＿＿＿＿＿＿＿＿＿＿ 位置。

第＿＿＿＿ 步 放置在 ＿＿＿＿＿＿＿＿＿＿ 位置。

4. 运用红绿灯法则解决问题

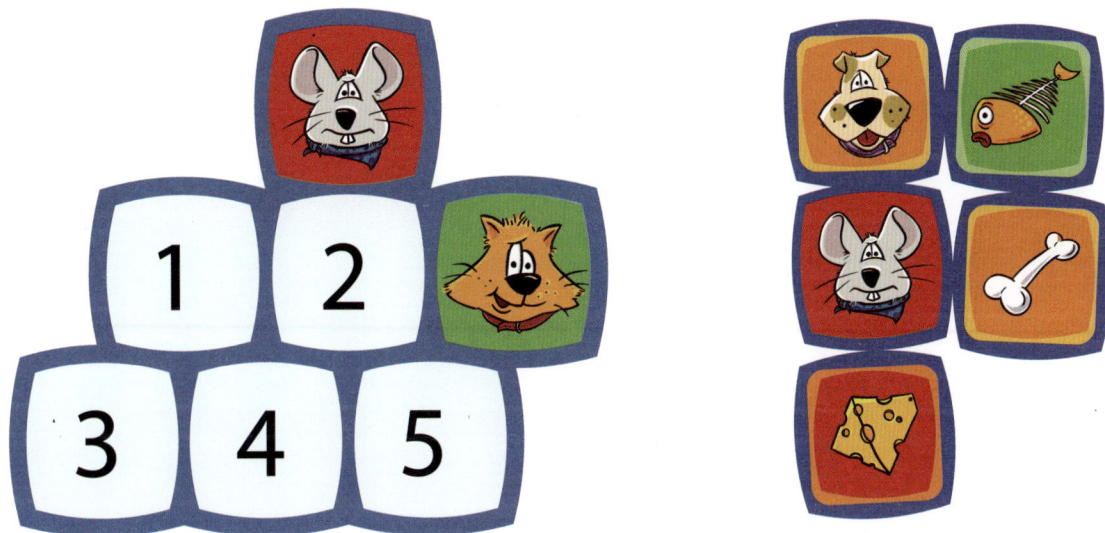

解决问题的过程，请解释：

第_____步，你想选择 放置在 _____ 位置。

第_____步 放置在 _____ 位置。

第_____步 放置在 _____ 位置。

第_____步 放置在 _____ 位置。

第_____步 放置在 _____ 位置。

思维词典

规则——指在群体中共同制定、公认制定并通过的，由群体里的所有成员一起遵守的条例和章程。

限制——允许和不允许的事情。

试错法——我们尝试，犯错，改正错误，然后再尝试。

红绿灯法则——红绿灯法是个广谱法则，它存在于我们生活和学习的各个方面，只要是有意识的活动都需要红绿灯法则。通过不断体验与运用红绿灯法则，使我们形成良好的思维品质，改善我们的行为习惯。

数 独

亲爱的学生：

　　想要成为一名优秀的侦探，只具备收集信息和分析信息的能力是不够的，多个角度的信息收集和整合可以帮助我们找到更多的切入点。在思考问题方面上还需要具备逻辑思维和推理能力，通过"数独"可以培养我们这些方面的能力。

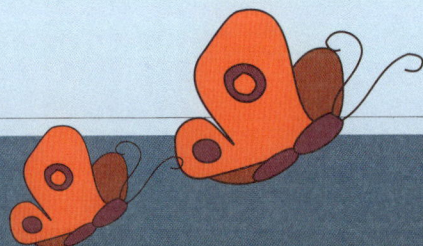

数独的游戏规则

游戏部件：

- 一个游戏板
- 20张挑战卡
- （1-6）数字各6个，共36个

游戏准备：

1. 数独游戏2人为一组。
2. 在挑战卡中选择适当难度的挑战卡。
3. 将挑战卡上出现的数字摆放到游戏板上。

注意！在复制挑战卡的过程中，必须确保摆放的数字及位置正确。

游戏目标、规则：

数独游戏的目的是根据下列规则，用1至6之间的数字（4x4的数独游戏用1至4）填满空格，一个格子只能填入一个数字：

1. 每个数字在每一行只能出现一次：

允许

| 6 | | 2 | 4 | | | ✔ |

不允许

| 6 | | 4 | 4 | | | ✘ |

2. 每个数字在每一列只能出现一次：

允许   不允许

3. 每个数字在每一区只能出现一次：

允许   不允许

探究数独游戏

1. 请观察空白的游戏板并回答下列问题。

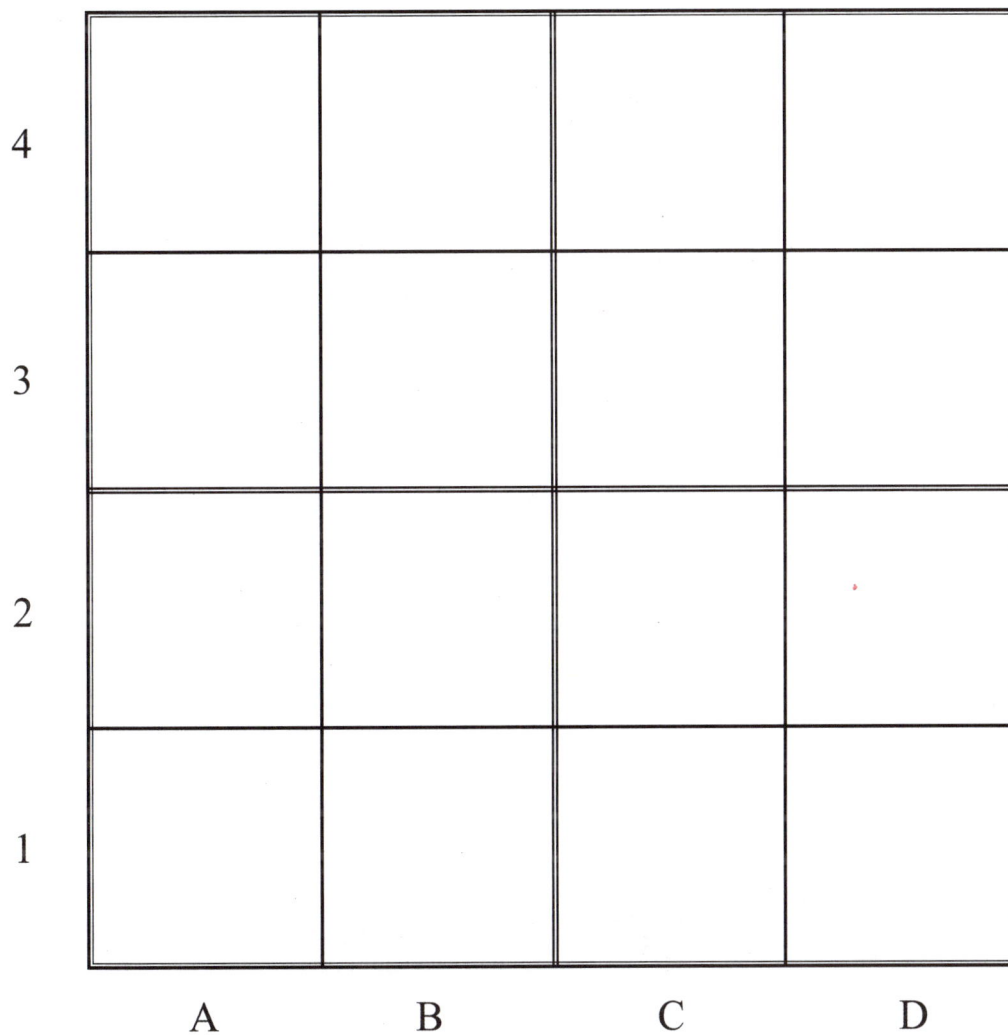

	A	B	C	D
4				
3				
2				
1				

- 游戏板是什么形状？ _____

- 一共多少个小正方形组成？ _____

- 一共有几行？几列？ _____

- 每行或每列有几个小正方形？ _____

对游戏规则的理解

2. 请仔细观察动物数独游戏板，找出错误的行和列并圈出来。

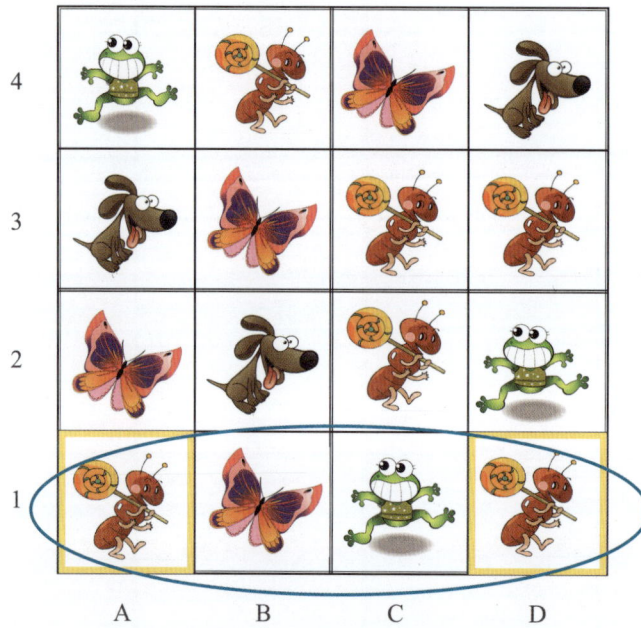

3. 下图是完成的数独游戏，请仔细观察找出错误并圈出来。

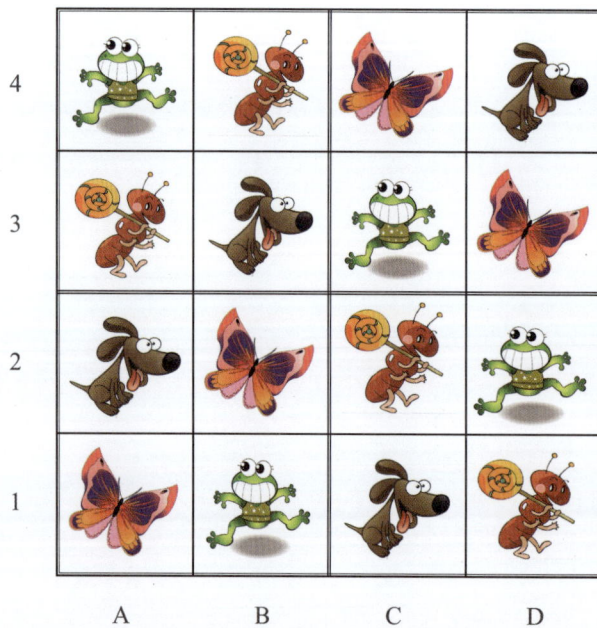

4. 如下图所示：将小狗放在C2处是否正确呢？为什么？

元认知思维法：红绿灯法则

　　玩游戏免不了会出错招，人非圣贤，孰能无过。但是为什么会出错呢？其中一个原因是我们大多时候冲动行事。当然先行动再思考是人的天性。但是为提高正确决策的能力，我们必须学会三思而后行。

　　红绿灯法则这种元认知思维法恰好能让我们学会三思而后行。

红灯
- 停，停下来观察，把注意力转向你周围的环境。
- 收集与识别相关（不相关）信息。

黄灯
- 根据在红灯时收集到的信息，分析和计划。

绿灯
- 依据黄灯时拟定的计划和可能性去执行。

　　这样的思考过程如同红绿灯指挥着交通，来指挥我们的思维活动。能帮助我们自觉且负责任地采取行动。

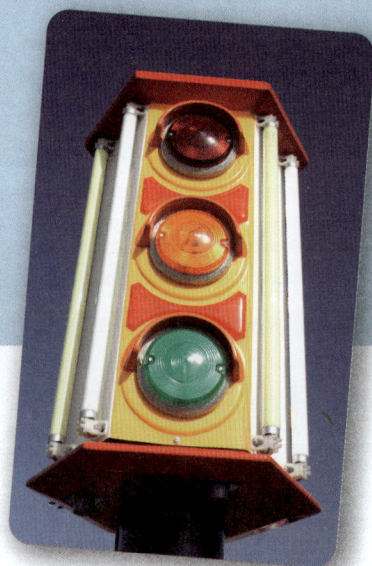

把红绿灯法则运用到游戏中

红绿灯法则——信息收集

1. 下面是数独的游戏难题，思考并回答下列问题：

红绿灯法则——当红灯亮起时，需要做什么？

☐ 停下来——观察、收集信息。

☐ 思考并分析，制定行动计划。

☐ 根据计划小心谨慎的行动。

1) 观察上图，收集到了哪些信息？

a. 上图中有 ＿＿＿ 种不同的人物，分别是什么？ ＿＿＿＿＿＿＿＿＿＿＿＿＿＿＿＿

b. 收集每一行上的信息：

- 哪一行上出现了一个人物？ ☐ 1 ☐ 2 ☐ 3 ☐ 4
- 哪一行上出现了两个人物？ ☐ 1 ☐ 2 ☐ 3 ☐ 4
- 哪一行上出现了三个人物？ ☐ 1 ☐ 2 ☐ 3 ☐ 4

c. 收集每一列上的信息。

- 哪一列上没有任何人物？ ☐ ■ ☐ ■ ☐ ■ ☐ ■
- 哪一列上出现了一个人物？ ☐ ■ ☐ ■ ☐ ■ ☐ ■
- 哪一列上出现了两个人物？ ☐ ■ ☐ ■ ☐ ■ ☐ ■
- 哪一列上出现了三个人物？ ☐ ■ ☐ ■ ☐ ■ ☐ ■

d. 你还收集到了哪些信息？ ＿＿＿＿＿＿＿＿＿＿＿＿＿＿＿＿＿＿＿

红绿灯法则——思考、分析信息

红绿灯法则——当黄灯亮起时，需要做什么？

☐ 停下来——观察、收集信息。

☐ 思考并分析，制定行动计划。

☐ 根据计划小心谨慎的行动。

4	🤺			
3	🤴		🧙	🤺
2	👸			
1			👸	🤴
	🟥	🟧	🟦	🟩

2) 思考并分析收集到的信息，通过哪些信息可以确定什么人物的位置？

a. 通过思考和分析每一行上的信息，哪一行的信息可以确定什么人物的位置？

_____ 行 _____ 的位置是　☐ 👸　☐ 🧙　☐ 🤴　☐ 🤺

b. 通过思考和分析每一列上的信息，哪一列的信息可以确定什么人物的位置？

_____ 列 _____ 的位置是　☐ 👸　☐ 🧙　☐ 🤴　☐ 🤺

c. 确定了公主、巫师的位置之后，哪个人物可以确定位置呢？为什么？

☐ 👸　☐ 🧙　☐ 🤴　☐ 🤺

d. 继续思考并分析信息，确定每个位置放置什么人物。 _____

红绿灯法则——小心谨慎地行动

红绿灯法则——当绿灯亮起时，需要做什么？

☐ 停下来——观察、收集信息。

☐ 思考并分析，制定行动计划。

☐ 根据计划小心谨慎的行动。

通过思考分析收集到的信息之后，我们已经确定了每个位置上的人物分别是什么，接下来开始行动吧……

3） 按照解决数独问题的思考顺序完成下列练习：

（1）——————— 位置是 ☐ ☐ ☐ ☐

（2）——————— 位置是 ☐ ☐ ☐ ☐

（3）——————— 位置是 ☐ ☐ ☐ ☐

（4）——————— 位置是 ☐ ☐ ☐ ☐

（5）——————— 位置是 ☐ ☐ ☐ ☐

（6）——————— 位置是 ☐ ☐ ☐ ☐

（7）——————— 位置是 ☐ ☐ ☐ ☐

（8）——————— 位置是 ☐ ☐ ☐ ☐

（9）——————— 位置是 ☐ ☐ ☐ ☐

练习使用红绿灯法则

1. 回答下列引导问题，完成数独谜题：

1) 红灯亮起时，需要停下来观察并收集信息，通过观察你收集到了什么信息？

- 图中有 _____ 种图案。

- 每一行出现了几种植物？每一列出现了几种植物？

  行1：_____ 红色列：_____
  行2：_____ 橙色列：_____
  行3：_____ 蓝色列：_____
  行4：_____ 绿色列：_____

4		🍄	🌳	
3				🍃
2		🪵		
1			🌳	🪵
	🟥	🟧	🟦	🟩

2) 当黄灯亮起时，思考并分析收集到的信息，通过思考和分析，你能得出什么结论呢？

- 分析收集到的信息，_____ 位置可以确定是"蘑菇"。为什么？

  _____

- 能确定"黄2"位置是什么图案吗？为什么？

  _____

- 还能确定哪些位置的图案？请解释原因。

  _____

3) 通过思考分析收集到的信息之后，我们已经确定了每个位置上的图案分别是什么，接下来开始行动吧……

2. 请同学们运用红绿灯法则完成下列数独谜题：

停下来观察……

谜题中给出了哪些线索？
哪里可以给我们提供最多线索？

_____

_____

现在，让我们来分析……

你能先确定哪个空格的数字？
还能先确定哪个空格的数字？

_____

_____

	A	B	C	D
4		2	4	
3				2
2	2	1		
1		3		

所以，现在开始行动……

B3处的数字是？
A1处的数字是？

还没有完成谜题，让我们继续分析……

a. 接下来可以确定哪些位置的数字？为什么？

_____

b. 是否可以确定C2及D2处的数字是什么？为什么？

_____

c. 接下来，你将如何提问，帮助你完成数独谜题？

_____

_____

3. 请同学们运用红绿灯法则完成下列数独谜题。

停下来，观察……

谜题中给出了哪些线索？

哪些位置给我们提供了最多信息？

_____

_____

现在，让我们来分析……

你能先确定哪个位置的数字？

还能先确定哪个位置的数字？

_____

_____

开始行动……

1)_____ 位置，填写数字 _____

2)_____ 位置，填写数字 _____

3)_____ 位置，填写数字 _____

4)_____ 位置，填写数字 _____

5)_____ 位置，填写数字 _____

6)_____ 位置，填写数字 _____

7)_____ 位置，填写数字 _____

8)_____ 位置，填写数字 _____

9)_____ 位置，填写数字 _____

10)_____ 位置，填写数字 _____

4. 课后练习：

生活中的"红绿灯法则"

请画出你在生活中使用红绿灯法则的情形：

2. 根据下面的地图回答问题，并圈出你的答案。

a. 蓝1是什么地方？圈出你的答案：

1.

2.

3.

b. 加油站在哪里？

1. 红 1

2. 紫 1

3. 黄 2

1		加油站		公园	
2			北大街		
3	西大街	医院	中央大街	冷饮店	东大街
4				宠物店	
5			南大街		银行

c. 从蓝3的冷饮店开始，左转进入绿3的中央大街，之后向上走到绿2的北大街，再次右转后向上走到蓝1。
的终点是哪里？圈出你的答案：

1.

2.

3.

逻辑图形谜题

3. 本练习包括6个图形，请把图形画在相应的方格内。

   注意：如果一个图形紧贴另一个图形的左边、右边、上面或下面，那么这两个图形称为相邻的图形。请把图形画在正确的（列和行）上。

规则：

1. 第二个蓝色三角形在红色三角形和紫色三角形之间。
2. 黑色三角形在黄色三角形和第一个蓝色三角形之间。
3. 红色三角形紧贴第一个蓝色三角形的右边。
4. 黄色三角形所在的坐标是（1，1）。

网格：

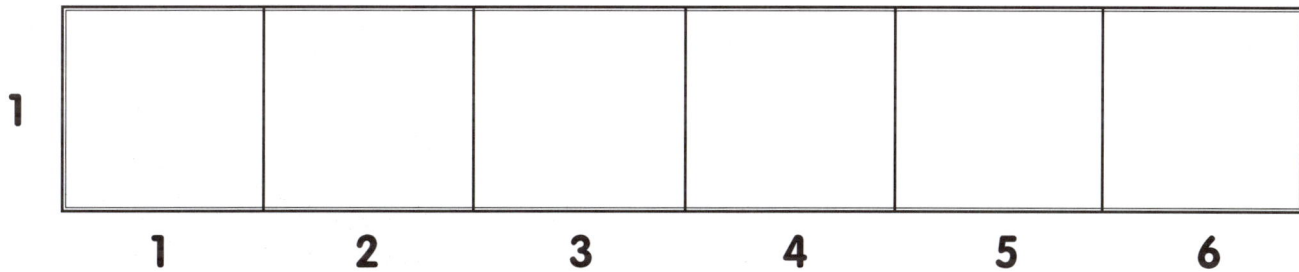

图例：

一个紫色三角形、一个黄色三角形、一个红色三角形、一个黑色三角形和两个蓝色三角形。

将定锚法运用到数独游戏中

　　定锚法是应用较多的问题解决策略，是指在解决问题的过程中从目标出发，首先确定一个正确的支点，把问题限定在围绕支点的范围内，便于我们快速的解决问题。就像船固定在锚上不会漂走一样，锚是确定能把船固定的一个点，定锚法是要我们在问题情境中找到锚，让我们不会迷失在问题的海洋中。

　　确定"锚"是定锚法的关键点，也是运用定锚法解决问题的核心。

运用定锚法就是确定锚的过程：

1. 明确目标
2. 充分收集信息
3. 分析并综合收集到的信息， 找到一个正确的切入点。

把定锚法运用到游戏中

定锚法——明确目标

下面是数独的游戏难题，思考并回答下列问题：

当你使用定锚法的时候，第
一步需要做什么？

☐ 明确目标 。

☐ 充分收集信息 。

☐ 分析并综合收集到的信息，
　 找到一个正确的切入点。

	A	B	C	D	E	F
6	5	6	3			
5		4		3	6	5
4	4		2			6
3	3			1		2
2	1	2	4		5	
1				2	1	4

1. **明确目标：**

　 a. 数独最终的目标是什么？ _____

　 b. 要完成最终的目标简单吗？数独游戏中是否有比较小的目标呢？

　　　 ☐ 每个格子填写什么数字。

　　　 ☐ 收集每行的数字信息，将数字出现多的那一行定为目标，例如：行2或行5 。

　　　 ☐ 收集每列的数字信息，将数字出现多的那一列定为目标，例如：A列或F列 。

　　　 ☐ 收集每个区域的数字信息，将数字出现多的区域定为目标，例如：红色区
　　　　 域或绿色区域。

　 c. 要实现最终的目标其实也不难，只要从小的目标一个个去解决，就能实现最终的目标。接下
　　　 来，我们先实现这些小的目标吧。

定锚法——充分收集信息

当你使用定锚法的时候，第二步需要做什么？

☐ 明确目标。

☐ 充分收集信息。

☐ 分析并综合收集到的信息，找到一个正确的切入点。

	A	B	C	D	E	F
6	5	6	3			
5		4		3	6	5
4	4		2			6
3	3			1		2
2	1	2	4		5	
1				2	1	4

2. **充分的收集信息：**

a. A列：已经填写了哪些数字？ _____

还有什么数字没有填写？ _____

b. 通过收集到的信息可以判断出A1格子中的数字吗？为什么？

_____

c. 我们只收集了A列的信息，还有什么位置的信息需要收集？

_____

d. 行1：已经填写了哪些数字？ _____

还有什么数字没有填写？ _____

e. A1这个格子属于哪个区域？这个区域已经填写了哪些数字？

_____

定锚法——分析并综合信息，找到切入点

当你使用定锚法的时候，
第三步需要做什么？

☐ 明确目标。

☐ 充分收集信息。

☐ 分析并综合收集到的信息，
找到一个正确的切入点。

	A	B	C	D	E	F
6	5	6	3			
5		4		3	6	5
4	4		2			6
3	3			1		2
2	1	2	4		5	
1				2	1	4

3. **分析并综合收集到的信息，找到一个正确的切入点。**

   a. 将A列与行1的数字放在一起，发现什么重要的线索？（重复数字只写一次）
      例如：（1、3、4、5、2），缺少了数字：6

      _____

   b. 通过对收集到的信息进行综合和分析之后，是否得出了结论？

      _____

   c. A1的格子只能填写数字

   d. 将A列与A1所在区域的数字放在一起，能得出结论吗？（重复数字只写一次）

      _____

   e. 缺少了哪个数字？

      _____

   f. 所以A1的格子只能填写数字

      _____

练习使用定锚法

1. 请同学们运用定锚法继续完成练习

1)_____位置填写数字_____；　9)_____位置填写数字_____。

2)_____位置填写数字_____；　10)_____位置填写数字_____。

3)_____位置填写数字_____；　11)_____位置填写数字_____。

4)_____位置填写数字_____；　12)_____位置填写数字_____。

5)_____位置填写数字_____；　13)_____位置填写数字_____。

6)_____位置填写数字_____；　14)_____位置填写数字_____。

7)_____位置填写数字_____；　15)_____位置填写数字_____。

8)_____位置填写数字_____；　16)_____位置填写数字_____。

命名目标

观察每一幅图所代表的目标，思考目标是什么？尝试以自己的方式给目标"命名"

_____

_____

_____

_____

_____

2. 回答下列引导问题，完成数独谜题：

明确目标：

_____

充分收集信息：

_____行，已经填写的数字：

_____

_____列，已经填写的数字：

_____

_____区域，已经填写的数字：

_____

	A	B	C	D	E	F
6		6	3	2		
5		4			3	5
4	1		5	4		3
3	6		4	5		2
2	3	5			2	
1			2	3	5	

分析并综合收集到的信息，找到一个正确的切入点：

_____位置，只能填写数字 _____

重复定锚法的思考步骤，完成整个数独谜题。

1) _____ 位置填写数字 _____ ；9） _____ 位置填写数字 _____ 。

2) _____ 位置填写数字 _____ ；10） _____ 位置填写数字 _____ 。

3) _____ 位置填写数字 _____ ；11） _____ 位置填写数字 _____ 。

4) _____ 位置填写数字 _____ ；12） _____ 位置填写数字 _____ 。

5) _____ 位置填写数字 _____ ；13） _____ 位置填写数字 _____ 。

6) _____ 位置填写数字 _____ ；14） _____ 位置填写数字 _____ 。

7) _____ 位置填写数字 _____ ；15） _____ 位置填写数字 _____ 。

8) _____ 位置填写数字 _____ ；16） _____ 位置填写数字 _____ 。

运用红绿灯法则及定锚法解决问题

1. 回答下列引导问题，完成数独谜题：

停下来，观察，收集信息……

你收集到哪些信息？哪里给我们提供了更多线索？

_____

分析信息

第六行有几个数字？是什么？没有什么数字？
我们可以把"4"填在E6空格里吗？

_____

	A	B	C	D	E	F
6		1	6	5		3
5			2		6	1
4		2	3		4	
3		4		2	3	
2	1			3	5	
1			5	6		4

继续分析，深入思考……

你还能够先确定哪个空格内的数字？为什么？

_____

完成整个数独谜题

1) _____ 位置填写数字 _____ ；10) _____ 位置填写数字_____ 。

2) _____ 位置填写数字 _____ ；11) _____ 位置填写数字_____ 。

3) _____ 位置填写数字 _____ ；12) _____ 位置填写数字_____ 。

4) _____ 位置填写数字 _____ ；13) _____ 位置填写数字_____ 。

5) _____ 位置填写数字 _____ ；14) _____ 位置填写数字_____ 。

6) _____ 位置填写数字 _____ ；15) _____ 位置填写数字_____ 。

7) _____ 位置填写数字 _____ ；16) _____ 位置填写数字_____ 。

8) _____ 位置填写数字 _____ ；17) _____ 位置填写数字_____ 。

9) _____ 位置填写数字 _____ ；

2. 接下来的练习需要同学们关注"区域"与其他信息之间的联系。

停下来，观察，收集信息……

哪个区域中出现了"1"？哪个区域中没有"1"？

_____

分析信息

根据"区域"的规则，你能确定"橙色区域"中"1"的位置吗？为什么？

_____

是否可以先确定数字"2"的位置？在哪？为什么？

_____

	A	B	C	D	E	F
6		3			2	5
5		6	2			
4		4				
3					1	
2				1		
1	2	1			6	

继续分析，深入思考……

哪个区域中出现了"2"？哪个区域中没有"2"？你能确定"2"的位置吗？

_____

3. 运用红绿灯法则及定锚法完成下列数独谜题：

	A	B	C	D	E	F
6	6					
5	1				3	4
4					6	3
3	2	6				
2	3	5				1
1						6

	A	B	C	D	E	F
6						
5		6	1		5	
4		2	3		6	
3		4		3	1	
2		5		4	2	
1						

思维词典

红绿灯法则——红绿灯法是个广谱法则，它存在于我们生活和学习的各个方面，只要是有意识的活动
　　　　　都需要红绿灯法则。通过不断体验与运用红绿灯法则，使我们形成良好的思维品质，
　　　　　改善我们的行为习惯。

定锚法——找到问题中的"锚"，是解决问题的关键。

侦探法则——如同一名优秀的侦探那样去解决问题。侦探法则能够帮助我们像侦探那样收集信息、
　　　　　分析信息、解决问题。